VEGAN
schnell schnell

genial einfach – einfach genial!

Josita Hartanto

INHALTSVERZEICHNIS

SUPPEN & VORSPEISEN

HAUPTGERICHTE

SNACKS & KLEINE SATTMACHER

DESSERTS UND ANDERER SÜSSKRAM

VORWORT

Schnell mal lecker!

Wer kennt das nicht? Kohldampf. Heißhunger und keine Zeit und Lust stundenlang am Herd zu stehen. Der Griff zum Telefon, um nach dem rettenden Pizzaservice zu rufen, liegt da nicht fern. Vielleicht auch der Gang zur nächsten Frittenbude oder doch der Griff zur Raviolidose? In unserer schnelllebigen Zeit kommt doch gerade im Alltag die Kulinarik und eine gesunde Ausgewogenheit oft zu kurz. Dass das nicht sein muss, soll dieses Buch zeigen. Leckere Gerichte, die schnell am heimischen Herd gezaubert sind. Kurze Vorfreude, viel Genuss.

Das Auge isst mit, auch wenn es zu Hause einmal schnell gehen soll. Dass ein schönes Gericht nicht immer superaufwendig sein muss, zeigen 90 Rezepte ,die sich nicht verstecken müssen und auch wunderbar Gästen vorgesetzt werden können.

Wichtig ist mir dabei, dass alle Zutaten, bis auf einige „Exoten" leicht zu beschaffen sind und nicht erst aus diversen Onlineshops und Spezialitätengeschäften zusammengetragen werden müssen.

Es gibt zwei Arten von Schnellgerichten – die, die einfach blitzschnell zubereitet und auf dem Teller sind, und die, die sich nach einer kurzen Vorbereitungszeit quasi von selber im Ofen oder im Kühlschrank fertigstellen. In der Zeit kann man dann in Ruhe ein Buch lesen oder sich um die Hausaufgaben kümmern. Zeit spart man also in jedem Fall!
Reine Arbeitszeit sollte, sofern man nicht völlig ungeübt ist, die 45 Minuten-Grenze nicht überschreiten. Die meisten Rezepte sind in unter 30 Minuten zu bewerkstelligen.

Einige Rezepte mögen aufwendig klingen, aber mit dem richtigen Zeitmanagement sind sie allesamt schnell gekocht. Organisation ist alles. Alle Zutaten und Werkzeuge bereitstellen und schon kann es losgehen.
Frei nach dem Motto: „wer (schneller) kocht hat mehr vom Leben!" :D

Alle Rezepte sind, soweit nicht anders angegeben, für 2 Personen kalkuliert.

Gemeinsam kochen macht noch mehr Spaß und es geht gleich doppelt so schnell, und Freude am Kochen ist die Grundvoraussetzung für ein gelungenes Gericht!

Ich wünsche viel Spaß beim Lesen, Kochen und Schlemmen.

Vorwort

EIN PAAR WICHTIGE GRUNDZUTATEN / DER HAMSTERSCHRANK

Wenn man nicht die Zeit oder Lust hat, jeden Tag frisch einzukaufen, lohnt es, sich einen kleinen Hamstervorrat zuzulegen, aus dem man jederzeit ein paar herrliche Gerichte zaubern kann, wie zum Beispiel:

GETROCKNETE HÜLSENFRÜCHTE

wie Linsen und Erbsen gehören in jeden Vorratsschrank. Die Multitalente liefern wertvolle Proteine, sind lecker und machen satt. Rote Linsen sind blitzschnell gekocht und eignen sich für Suppen, Eintöpfe, Bratlinge, Dips und Salate.

NÜSSE UND CO.

Z.B. Cashewkerne, Sonnenblumenkerne, Mandeln und Walnüsse für rohköstliche Crèmes oder geröstet als Topping. Hasel- und Pekannüsse nicht nur zum Backen. Es ist immer von Vorteil einen kleinen Vorrat dieser gesunden Energiepakete zu Hause zu haben.

Schnelle Leinsamencracker: Eine Handvoll Leinsamen mit ein paar Stücken (etwa 2 EL) frischer Tomate, Sonnenblumenkernen, etwas Öl, Salz, frischen Kräutern, 3 EL Wasser, und Gewürzen nach Wahl in der Küchenmaschine fein zerkleinern. Die Masse zwischen zwei Lagen Backpapier möglichst dünn ausrollen, oberes Papier vorsichtig abziehen und die Cracker im Ofen bei 180°C etwa 10 Minuten knusprig backen oder für rohe Cracker bei unter 40°C etwa 8 Stunden trocknen (das geht dann etwas weniger schnell ... ;)).

HAFERFLOCKEN

Preiswerter, gesunder Alleskönner.

Fürs Frühstück im selbstgemachten Knuspermüsli: einfach mit Nüssen, Zucker und Ahornsirup vermischen und auf Backpapier im Ofen aufknuspern.

Für Bratlinge/Burger: einfach gekochtes oder gebratenes Gemüse grob zerstampfen oder pürieren und gut gewürzt mit Haferflocken und etwas Speisestärke vermengen, bis eine formbare Masse entsteht. Burger formen und in der Pfanne knusprig braten.

Schnelle Bolognesesauce: Zwiebeln, Knoblauch und grob geraspelte Karotten in Olivenöl anbraten, Haferflocken dazugeben und 2 Minuten mitbraten. Eine ordentliche Portion Tomatenmark und etwas Paprikapulver kurz mit anschwitzen, dann mit Rotwein ablöschen. Etwas Brühe und ein paar Kräuter (Oregano, Majoran) dazugeben, 10 Minuten köcheln lassen, abschmecken, fertig.

MILCHALTERNATIVEN AUS SOJA, REIS UND CO.

Inzwischen in jedem Bioladen und in vielen Supermärkten in ausreichender Auswahl vorhanden: Milch, Sahne und Joghurt aus Soja. Mandel-, Haselnuß-, Reis,- Hafer- Kokos- oder sogar Hanfmilch und -sahne. Einfach ausprobieren und Favoriten finden. Bei Joghurt für herzhafte Rezepte unbedingt die ungesüßte Variante aus dem Bioladen kaufen. Die kommt ohne Zucker und Vanillearoma aus, was z. B. in einem Tzaziki doch sehr störend sein kann ...

Laut Gesetz dürfen pflanzliche Milchalternativen nicht „Milch" heißen, sondern erhalten sonderbare Namen wie „Soja-Reis-Drink" oder „Soja-Cuisine". Ich bevorzuge und verwende trotzdem die bekannten Bezeichnungen. Ätsch!

ÖLE

unverzichtbar nicht nur in der veganen Küche. Ob Sonnenblumen- und Rapsöl zum Braten und Frittieren, oder das gute, alte Olivenöl, das nicht nur in der mediterranen Küche eine gute Figur macht. Wertvolle, kaltgepresste Öle sind zum Braten viel zu schade und eher für Salate, Dips und Marinaden geeignet. Leckere Nussöle ebenfalls sparsam und nur zum Aromatisieren einsetzen.

MARGARINE

Zu rein pflanzlichen Produkten greifen und Lightprodukte besser liegenlassen, dafür eher in Maßen verwenden.

DOSENGEMÜSE

Bis auf wenige Ausnahmen wie Tomaten, Bohnen (keine grünen!) Mais oder Kichererbsen hat das eingemachte Gemüse für mich nur im absoluten Notfall, sprich Zombie-Apocalypse oder ähnliches, Legitimation. Wenn es gerade kein frisches Gemüse gibt, lieber auf tiefgekühlte Ware zurückgreifen. Das hat teilweise sogar noch mehr erhaltene Vitamine als manche Frischware, da es direkt nach der Ernte eingefroren und nicht erst noch ewig in der Gegend herumgekarrt wird.

TIEFGEKÜHLTES GEMÜSE

Teilweise eine Alternative zu frischer Ware, aber leider lässt sich nicht jedes Gemüse ohne geschmackliche Einbußen einfrieren und wieder regenerieren. Super sind Erbsen, grüne Bohnen oder auch Mais, weil sie viel Arbeit ersparen und lecker sind. Broccoli, Möhren und Blumenkohl lieber frisch kaufen. Gefrorene Beeren und andere Früchte sind super für Smoothies, Desserts und Eiscrèmes. *Früchte einfach einige Minuten antauen lassen, dann mit etwas Agavensirup oder Puderzucker und einem Schluck Saft im Mixer pürieren. Fertig ist das Fruchteis. Cremiger wird's mit Sahne, Joghurt oder Kokosmilch.*

KRÄUTER

Nichts geht über den Duft von frischen Kräutern. Viele lassen sich auf der Fensterbank oder auf dem Balkon selber ziehen. Wenn es am grünen Daumen oder an Zeit mangelt, gibt es unterschiedlichste, frische Kräuter je nach Saison in jedem Supermarkt. Gefrorene Kräuter wie Schnittlauch oder Petersilie sind praktisch, weil schon gehackt und gut portionierbar. Sie sind jedoch lange nicht so aromatisch wie frische Kräuter. Basilikum immer frisch verwenden, weil die ätherischen Öle, die für das feine Aroma verantwortlich sind, sehr flüchtig sind.

ZITRONENSAFT AUS DER FLASCHE

ist praktisch, wenn man gerade keine frische Zitrone da hat oder nur so wenig braucht, dass es sich nicht lohnt, eine ganze Frucht anzuschneiden. Darauf achten, dass er 100% Fruchtanteil und möglichst keine Zusätze enthält.

SALZ

Persönlich ziehe ich Meersalz dem „normalen“ mit Rieselhilfen versehenen Speisesalz oder Jodsalz vor. Es schmeckt mineralischer und hat eine schönere Griffigkeit. Das ist aber Geschmackssache.

ZUCKER

JA, ich verwende Zucker! Ich mag Zucker. Aber es ist jedem freigestellt, Alternativen zu verwenden. Egal ob Agaven- oder Ahornsirup, Xylit, Stevia, getrocknete rohe Datteln, oder was man halt gerne mag und mit seinem Gewissen vereinbaren kann ... ;)

KLEINE WARENKUNDE

TOFU
aus Sojabohnen, die zu Milch gekocht und mit einem Gerinnungsmittel behandelt, ähnlich wie bei der Käseherstellung zu Blöcken gepresst werden. Tofu hat unzählige Einsatzmöglichkeiten und wird seinem Ruf als geschmackloser, langweiliger Fleischersatz in keinster Weise gerecht. Im Bio-, Super- oder Asia-Markt mittlerweile in vielen leckeren Varianten erhältlich.

TEMPEH
ebenfalls aus Sojabohnen, die im Ganzen mit einem Edelschimmel geimpft und fermentiert werden. Fein-nussig und herzhaft im Geschmack. Erhältlich im Bio- oder Asia-Markt.

ALGEN
Nori, Wakame und co. Das Meeresgemüse ist meist getrocknet im Bio- oder Asia-Laden erhältlich und vielseitig einsetzbar, nicht nur für Sushi. Algen geben Gerichten ein feines Meeresaroma, sind reich an Nährstoffen und Vitaminen. Aufgrund des teilweise stark erhöhten Jodgehalts, sollte man bei bekannten Schilddrüsenerkrankungen Algen eher in Maßen genießen.

AGAR-AGAR
Pflanzliches Geliermittel aus Algen. Wie Gelatine zu verwenden, sollte aber grammgenau abgewogen werden. Im Buch verwende ich Agartine von RUF. Sie ist im gut sortierten Supermarkt erhältlich und sehr einfach zu dosieren. Ein Beutel entspricht zwei Gramm (etwa 1 TL) reinen Agar-Agars.

PAK CHOI
Mangoldgewächs aus dem Asia-Markt.

TANDOORI MASALA
die indische Gewürzmischung mit der typischen roten Farbe wird klassisch mit Joghurt vermischt als Marinade verwendet. Erhältlich im asiatischen oder indischen Supermarkt.

MISO
die würzige Paste aus mit Reis oder Gerste fermentierten Sojabohnen ist nicht nur die wichtigste Zutat für die traditionelle Japanische Misosuppe. Sie eignet sich wunderbar für Marinaden, Dips und Saucen.

WASABI
der echte japanische Meerrettich wächst an japanischen Flußufern und ist eher selten. Deshalb ist der erhältliche Wasabi meist eingefärbter weißer Meerrettich. Schmeckt aber trotzdem.

TOPINAMBUR
auch Erdartischocke genannt. Fast vergessenes Gemüse mit fein-nussigem Geschmack und knackigem Biss. Kalorienarme Beilage: Die Knollen einfach abschrubben, gut waschen und in Scheiben geschnitten wie Bratkartoffeln mit Zwiebeln braten und würzen.

Kleine Warenkunde

DIE WICHTIGSTE AUSRÜSTUNG

KÜCHENMESSER

Ein großes Kochmesser, ein kleines Tournier- oder Schälmesser sowie eine gutes Sägemesser sind wichtig und eigentlich ausreichend für alle Aufgaben.

Das große Kochmesser schneidet Obst und Gemüse und hackt nicht nur Kräuter und Nüsse. Es ist für mich das wichtigste und meistgenutzte Messer und sollte wie jedes andere auch nach jedem Einsatz mit lauwarmem Wasser gereinigt und danach getrocknet werden.
Küchenmesser auf gar keinen Fall in der Spülmaschine reinigen, wenn sie scharf bleiben sollen. Praktische Aufbewahrung für Küchenmesser sind Magnetleisten, die einfach an die Wand geschraubt werden. So hat man sie immer griffbereit und sie zerkratzen nicht in der Küchenschublade.

Stumpfe Messer sind gefährlich, da man mit ihnen mehr Kraft aufwenden muss, was leicht zu Unfällen führen kann.

Idealerweise zieht man das Messer mit einem Schleifstab vorsichtig von Zeit zu Zeit ab um eine gewisse Grundschärfe zu halten, alternativ benutzt man nasse Schleifsteine. Beides erfordert aber etwas Übung, denn falsch angewendet ist das Messer auf einmal noch stumpfer als vorher.
Sehr gute Tipps für den Umgang mit Messern und Schleiftechniken kann man sich im Internet holen.

PÜRIERSTAB (MIT SCHNELLZERKLEINERERAUFSATZ)

Eines der wichtigsten Küchengeräte und für mich unentbehrlich. Man sollte auf ein qualitativ hochwertigeres Produkt zurückgreifen. Mindestens 600 Watt und einen Aufsatz zum Schnellzerkleinern sollte er schon haben. Den Kauf wird man nie bereuen, denn ein guter Pürierstab, der für um die 60 Euro erhältlich ist, hilft einem täglich bei der Zubereitung von Saucen, Suppen und Pasten. Er zerkleinert Massen und Füllungen und schäumt auf. Am besten hat man ihn immer griffbereit.

DER SCHNELLZERKLEINERER- ODER AUCH BLITZHACKER-AUFSATZ, ein kleiner Becher mit herausnehmbarem Messer und einem Deckel, der dann auf den Motor des Pürierstabes gesteckt wird, hackt schnell Knoblauch, Kräuter oder eine kleine Zwiebel. Außerdem lassen sich in ihm wunderbar kleinere Mengen Nussmus zubereiten, das man wirklich nicht zu überteuerten Preisen kaufen muss.

MIXER/KÜCHENMASCHINE/SCHNELLZERKLEINERER

Es muss nicht das teuerste Modell sein, eine gute Küchenmaschine für zu Hause ist ab ca. 150 Euro zu haben. Auswechselbare Aufsätze machen sie zum echten Allroundtalent. Ein großer Mixbecher mit Messereinsatz für alle möglichen Arbeiten und ein Knetaufsatz zur schnellen Zubereitung von festen Teigen reichen eigentlich aus. Manche Geräte haben noch verschiedene Raspel- und Hobelscheiben, was auch sehr praktisch ist.

REIBE

Raspeln statt schnippeln spart doppelt Zeit! Das Gemüse wird schneller zerkleinert und die Garzeit verringert. Eine einfache 4-Kant-Reibe findet sich in fast jedem Haushalt und ist ein praktischer Helfer: ob feine Gurkenhobel, grobe Raspel für Röstis oder Salate, oder fein geriebene Zitrusschalen oder Gewürzpflanzen wie Ingwer und Zitronengras. Wichtig ist, dass die Reibeflächen schön scharf sind. Deshalb sollte die Reibe auch nicht in die Spülmaschine.

SPARSCHÄLER

Oma schälte Kartoffeln noch mit einem kleinen Messer. Die konnte das aber auch. :) Ich bevorzuge den Sparschäler zum Schälen von Obst und Gemüse und zum Schneiden von feinen Gemüsestreifen z. B. für Salate und feine Rohkostgerichte. Auch er sollte nicht in die Spülmaschine.

MÖRSER

Am besten standfest aus Granit oder Stein. Zerkleinert Gewürze, zaubert feine Gewürzpasten und ist besonders aus der fernöstlichen und orientalischen Küche nicht wegzudenken. Auch in mediterranen Gefilden wird er gerne eingesetzt, um z. B. frisches Pesto zuzubereiten.

BESCHICHTETE PFANNEN

sind schnell ausgewischt und sparen Fett beim Braten, sollten aber nicht in die Spülmaschine, weil die Beschichtung darunter leiden könnte.

GRILLPFANNE

bevorzugt aus Gusseisen. Eine ganz klare Empfehlung für echten Grillgeschmack am heimischen Herd. Am besten immer nur mit einem Tuch auswischen und von Zeit zu Zeit mit etwas Salz ausbrennen. Danach mit einem Stahlschwamm abschrubben. Für leckeres, gegrilltes Gemüse, aber auch für köstliches Knoblauchbrot, Bruschetta oder natürlich gegrillten Tofu, Seitan oder Tempeh.

AUSSTECHRINGE AUS METALL

Rund. Am besten in unterschiedlichen Größen. Mit ihnen kann man formschön z.B. Brot, Gemüse und Tofuscheiben ausstechen. Außerdem kann man mit ihnen auch zeitsparend Obst- und Gemüsescheiben von der Schale befreien. Ananas oder Aubergine einfach in Scheiben der gewünschten Dicke schneiden und mit dem passenden Ring so ausstechen, dass nur noch die Schale übrigbleibt. Bei der Ananas kann so auch noch der Strunk ausgestochen werden. Die praktischen Ringe gibt es einzeln oder als Set im Haushaltswarengeschäft oder günstig in diversen Internetshops.

KARTOFFELPRESSE

zerdrückt Kartoffeln für Püree, Plätzchen, Gnocchi und etliche andere Kartoffelzubereitungen. Auch praktisch zur blitzschnellen Zubereitung von ansonsten mühsam geschabten Spätzle.

NUDELHOLZ
Das klassische Nudelholz ist zwar altbewährt gegen unliebsame Eindringlinge in der Küche, ich persönlich habe aber keins. Zum Teige ausrollen eignet sich ebenso die Klarsichtfolienrolle oder eine Weinflasche. Im Restaurant habe ich ein ganz einfaches Rollholz, das kann man sich auch im Baumarkt besorgen.

GEMÜSEBÜRSTE
schrubbt Gemüse und Kartoffeln und entfernt störenden Sand und Erde.

KUGELAUSTECHER
in unterschiedlichen Größen zaubern Obst- und Gemüsekugeln und entkernen z. B. Gurken- und Paprikahälften. Ausserdem lassen sich mit ihnen wunderbar Gemüse zum Füllen aushöhlen.

SILIKONMATTEN
sind toll. Sie sind wiederverwendbar, griffig und auf ihnen klebt absolut nichts an. Die Anschaffung lohnt sich!

SCHNEIDEBRETTER
in verschiedenen Größen aus Holz oder Kunsstoff. Ein Holzbrett ist gleichzeitig ein schöner Topfuntersetzer. Ein feuchtes Tuch unterm Brett verhindert, dass es beim Schnippeln wegrutscht.

FLAMBIERER
Ob der professionelle Crème Brûllée-Brenner aus dem Fachhandel oder – nicht nur für Heimwerker – die etwas grobmotorischere Variante aus dem Baumarkt. Beide zaubern feine Krusten auf Puddings und Crèmes oder karamellisieren Früchte.

MESSBECHER
Nicht nur zum Abmessen von Flüssigkeiten haben viele von ihnen Anzeigen für Zucker und Mehl und machen praktischerweise in einigen Fällen die Waage überflüssig.

TOPFDECKEL
sparen richtig eingesetzt Energie und Zeit, jedoch führen sie, frei nach dem Motto „aus dem Auge, aus dem Sinn“ auch schon mal dazu, dass man etwas vergisst und anbrennen lässt. Also immer Augen und Ohren aufsperren. Auch beim Kochen. :)

BACKOFEN
→ HAUSHALTSBACKÖFEN VARIIEREN OFT SEHR STARK IN DER LEISTUNG, WAS ES MIR UNMÖGLICH MACHT, VÖLLIG KONKRETE ANGABEN ZU BACKZEIT UND TEMPERATUR ZU MACHEN. ALSO LIEBER DAS GARGUT VON ZEIT ZU ZEIT KONTROLLIEREN UND NACH EIGENEM ERMESSEN ZEIT ODER TEMPERATUR DAZUGEBEN.

Inhaltsverzeichnis

SCHNELL GEMOGELT

Klar, Selberkochen ist toll, doch wenn es mal schneller gehen soll, darf man sich auch mal der Bequemlichkeit hingeben. Dafür gibt es ein paar praktische, halbfertige Zutaten aus dem Supermarkt, die uns das Leben erleichtern. Viele der Produkte sind vom Grundrezept her vegan, manche Hersteller verwenden aber tierische Produkte, wie Molkereierzeugnisse oder Hühnereier. Also lieber nochmal die Zutaten checken. Und grundsätzlich gilt: je kürzer die Liste, desto besser!

FERTIGE TEIGE AUS DEM KÜHLREGAL:

PIZZATEIG

Dünn ausgerollt für knusprige Flammkuchen. Als Boden für Gemüsekuchen und Quiches. Und natürlich für Pizza und Calzone!

STRUDELTEIG

Für große und kleine Strudel, knusprige Röllchen und gefüllte Päckchen. Einfach nach Lust und Laune füllen, mit etwas Öl bestreichen, zusammenrollen oder -wickeln und ab in den Ofen oder in die Pfanne.

BLÄTTERTEIG

Superaufwendig selber zu machen, superbequem aus dem Kühlregal (auch tiefgekühlt erhältlich, allerdings nur in kleinen Platten, was – je nach Rezept – unpraktisch sein kann. Außerdem entfällt die Auftauzeit beim Produkt aus dem Kühlregal). Perfekt geeignet für leckere Süßigkeiten und herzhaft gefüllte Pasteten.

Blitz-Apfelteilchen: Blätterteig ausrollen, mit Apfelmus bestreichen, mit Haferflocken, Zucker und Zimt bestreuen. Zu einer festen Rolle zusammenrollen, in Scheiben schneiden. Nebeneinander mit etwas Abstand auf ein mit Backpapier ausgelegtes Blech legen und bei 220°C 12–15 Minuten knusprig backen.

FERTIGE TEIGE AUS DEM ASIA-MARKT

Frühlingsrollen- und Wan Tan-Teig aus der Tiefkühltruhe für kleine frittierte Leckerbissen. Reispapier, das nur kurz in kaltem Wasser eingeweicht werden muss und dann nach Herzenslust gefüllt werden kann. Z. B. klassisch mit feinen Karotten- und Weißkohlstreifen, etwas Tofu und frischen Kräutern wie Koriander und Minze. Dazu ein Dip aus etwas Essig, Zucker und Sojasauce und fertig ist der sommerliche Snack.

TORTILLAWRAPS

Für mexikanische Burritos und Wraps. Einfach kurz unter fließendem Wasser befeuchten, dann in einer trockenen, heißen Pfanne von jeder Seite 1–2 Minuten erwärmen, bis sie weich und geschmeidig sind. Z. B. mit Bohnen, Avocado, Salat und einer fruchtigen Salsa füllen, zusammenwickeln und reinbeißen. Oder als Quesadilla mit einer dicken Bèchamelsauce und Gemüse geschichtet im Ofen überbacken (vorher auch anfeuchten). Aber auch mal als schneller Boden für eine gemogelte Pizza oder gefüllt im Ofen überbacken als Enchilada oder beinahe-Canneloni.

Die dünnen Fladenbrote sind auch recht einfach selber gemacht:

300 g Mehl
1 TL Salz
½ Tl Backpulver
3 EL Öl
150 ml warmes Wasser

Alle Zutaten zu einem geschmeidigen Teig kneten und daraus 5–8 Kugeln formen. 10 Minuten ruhen lassen. Auf einer bemehlten Arbeitsfläche dünn ausrollen und in einer heißen Pfanne von jeder Seite etwa 1 Minute braten. Herausnehmen und mit einem feuchten Tuch abdecken, bis alle Fladen gebacken sind. Sie können mit je einer Lage Backpapier getrennt übereinander gestapelt sehr gut eingefroren werden. Bei Gebrauch herausnehmen, etwas befeuchten und erneut in der Pfanne braten.

RÖSTZWIEBELN

Nicht nur im schwedischen Möbelhaus der Renner. Röstzwiebeln geben schnelle Würze und Bindung für Füllungen, Knödel, Bratlinge und Saucen.

KARTOFFELPÜREEPULVER

Die getrockneten Kartoffelflocken sind zweckentfremdet schön als Bindemittel für Teige und Knödel, als Panade (z. B. Bratlinge darin wenden und dann knusprig braten.) Auch im selbstgebackenen Brot machen sie sich gut.

GEKÖRNTE BRÜHE

Zugegeben praktisch und für die schnelle Küche sehr hilfreich. Wenn sie verwendet wird, darauf achten, dass kein Glutamat enthalten ist. Ich persönlich bevorzuge Selberkochen: Wurzelgemüse, Petersilenstängel, Zwiebel mit Schale, Lauch, Staudensellerie und Knoblauch (wer mag) grob zerkleinern und in einem großen Topf mit viel Wasser aufsetzen. Einige Lorbeerblätter, Pfefferkörner, Wacholder und 2–3 Anissterne dazugeben und etwa 1 Stunde köcheln lassen. Durch ein feines Sieb gießen. Gut verschlossen im Kühlschrank bis zu einer Woche haltbar. Je nach Rezept mit Salz und heller Sojasauce abschmecken.

VEGANE SPRÜHSAHNE

Für schnelle Dessertcrèmes oder luftiges Mousse. Spart lästiges und zeitraubendes Aufschlagen. Und da die meisten pflanzlichen Schlagsahnealternativen meiner Meinung nach in ihrer Aufschlagbarkeit leider noch etwas zu wünschen übriglassen, ist die Flotte Sahne aus der Dose eine gute Alternative. Nachteil ist leider die wenig umweltfreundliche Verpackung.

SELBSTGEMACHTE ÖLE UND PASTEN

Sehr nützlich und wunderbar vorzubereiten, da sehr lange haltbar. Kräuter- oder Knoblauchöl zum Aromatisieren von diversen Gerichten: Dafür einfach gewünschte Menge Knoblauch und/oder Kräuter mit ausreichend neutralem Öl pürieren und in ein sauberes Schraubglas geben. Gewürzpasten: z.B. aus Schalotten, Ingwer, Chilis, Zitronengras und Koriander. Lecker für feine Suppen und asiatische Currys. Einfach alle Zutaten grob zerkleinern und im Mixer mit etwas Öl zu einer feinen Paste verarbeiten. In gut verschließbare Behälter füllen und im Kühlschrank aufbewahren.

SUPPEN & VORSPEISEN

Gegrillter Romana

2 kleine Salatherzen 1 TL Zucker Salz	Salatherzen halbieren, mit Zucker bestreuen, leicht salzen und etwa 10 Minuten durchziehen lassen.
2 EL Kürbiskerne	Kürbiskerne in einer Pfanne unter häufigem Wenden ohne Fett 2 Minuten rösten.
1 kleine, rote Zwiebel 5 EL Olivenöl Salz 2 EL körniger Senf 40 ml Apfelsaft 3 EL weißer Balsamico-Essig	Zwiebel fein würfeln, in 2 EL Olivenöl glasig andünsten. Vom Herd nehmen und das restliche Öl und die übrigen Zutaten mit dem Schneebesen einrühren.
Olivenöl	Die Schnittseite der Salatherzen mit etwas Olivenöl bestreichen und in der heißen Grillpfanne oder auf dem Holzkohlegrill etwa 4–5 Minuten grillen, dabei einmal wenden.
½ TL rosa Pfeffer	Den gegrillten Romana auf 2 Tellern anrichten, jeweils etwas von dem Dressing darüber geben und mit den gerösteten Kürbiskernen und etwas rosa Pfeffer bestreuen.
DEKO-TIPP Petersile	Dazu passt frisches Baguette oder auch ein schönes Vollkornbrot.

Übriggebliebenes Dressing in ein heiß ausgespültes Schraubglas geben, fest verschließen und im Kühlschrank bis zu einer Woche aufbewahren. Es passt zu fast allen Salaten, gedünstetem oder gegrilltem Gemüse und Kartoffeln.

Gegrillter Romana

Karottenigel
mit Wasabimayonnaise

3 kleinere Karotten

Karotten schälen und in etwa 4 cm lange Stücke schneiden. In kochendem Salzwasser 4 Minuten blanchieren, kalt abschrecken.

6 Blätter Frühlingsrollenteig
4 cm Ingwer
1 TL Zucker
Salz
5 EL Reismehl
5 EL Wasser

Die einzelnen Teigblätter voneinander trennen und wieder übereinander legen. Aufrollen und in feine Streifen schneiden. Ingwer fein reiben und mit Zucker, einer Prise Salz und einem halben Teelöffel Reismehl zu einer Paste verarbeiten. Karottenstückchen damit einreiben und in 2 EL Reismehl wenden. Restliches Reismehl mit Wasser verrühren. Karottenstückchen durch den Reisteig ziehen, dann mit den Teigstreifen umwickeln. Im heißen Öl schwimmend knusprig ausbacken.

Öl zum Ausbacken

4 EL Vegane Mayonnaise
½ – 1 TL Wasabipaste oder -Pulver
1 Spritzer Limettensaft

Alle Zutaten für die Mayonnaise gründlich verrühren und zu den Knusperigeln reichen.

VEGANE MAYONNAISE

Frischer wird es, wenn die Mayonnaise noch mit 1–2 EL ungesüßtem Sojajoghurt verrührt wird. Dann eventuell noch etwas Salz dazugeben.
Vegane Mayonnaise gibt es im Bioladen. Sie ist aber auch schnell selbstgemacht und hält sich gut verschlossen im Kühlschrank recht lange, deshalb kann man ruhig gleich etwas mehr machen …

100 ml ungesüßte Sojamilch
½ TL Salz
1 TL Senf
1 EL Zitronensaft oder heller Essig
1/8 TL Johannisbrotkernmehl
250 ml neutrales Pflanzenöl

Alle Zutaten bis auf das Öl in einen Mixbecher oder (besser) in die Küchenmaschine geben. Kurz durchmixen, dann Öl in einem dünnen Strahl einlaufen lassen, bis eine dicke Sauce entstanden ist. Sie ist vielseitig verwendbar und kann sehr leicht und vielseitig abgewandelt werden, z. B. mit Knoblauch, Dill und Gewürzgurken oder mit Tomatenmark, Kräutern, Tabasco und etwas Cognac.

DEKO-TIPP
Kerbel
Kumquat
Radieschen

Karottenigel
mit Wasabimayonnaise

Topinambur
mit Erbsencrème

ca. 300 g Topinambur
3 EL Olivenöl
Salz

Topinambur mit der Gemüsebürste sehr gründlich abschrubben und vom Sand befreien.
In stark gesalzenem Wasser mit Olivenöl etwa 15 Minuten kochen.

140 g grüne Erbsen (TK)
3 EL Rapsöl
6 EL Wasser
1 Prise Zucker
Salz

Erbsen mit Öl, Wasser, Zucker und Salz 2 Minuten dünsten, dann im Schnellzerkleinerer sehr fein pürieren.

1 kleine Rote Bete
2 Schalotten
2 EL Olivenöl
1 TL Zucker oder 1 EL Agavensirup
2 EL Wasser oder Himbeersaft
2 EL heller Balsamico-Essig
2 TL Zucker
2 EL Walnüsse

Rote Bete und Schalotten fein würfeln und im heißen Olivenöl kurz anschwitzen. Zucker dazugeben und mit Wasser und Balsamico ablöschen. 1 Minute köcheln lassen.

Topinambur abgießen, das Kochwasser auffangen. Topinambur in Scheiben schneiden und in einer Pfanne mit 2 Teelöffeln Zucker und etwas von dem Sud glasieren. Mit Erbsencrème, Walnüssen und Rote-Bete-Vinaigrette servieren.

Gesunder Beschleuniger:
Topinambur schmeckt auch roh sehr lecker! Dafür einfach die geputzten Knollen in sehr feine Scheiben schneiden oder hobeln. Mit etwas frischem Zitronensaft, Oliven- oder Nussöl, etwas Salz und Agavensirup angemacht, wird aus dem Gericht eine knackig-nussige, supergesunde Vorspeise.

Topinambur
mit Erbsencrème

Nudelsuppe
mit Karotten und Kokosmilch

2 Karotten
80 g Weißkohl
1 rote Zwiebel
1–2 Knoblauchzehen
ca. 3 cm Ingwer

3 EL Öl
Salz
1 EL Rohrzucker
3 EL rote Linsen
1 TL Kurkuma
700 ml Gemüsebrühe
250 ml Kokosmilch

Saft von ½ Limette
½ Chilischote (in Ringen)

100 g Chinesische Weizennudeln
(alternativ: Glas- oder Reisnudeln)
Öl

Karotten schälen und in kleine Würfel, Kohl in Stücke von etwa 2 cm Größe schneiden. Zwiebel in Streifen, Knoblauch längs in sehr feine Scheibchen schneiden. Ingwer fein reiben oder würfeln. Alles im heißen Öl 2 Minuten anbraten. Salzen und zuckern, die Linsen und Kurkuma dazugeben und eine weitere Minute pfannenrühren. Brühe angießen und alles bei geschlossenem Deckel 10 Minuten köcheln lassen. Inzwischen die Nudeln nach Packungsangabe kochen, abgießen und etwas Öl unterheben. Kokosmilch gegen Ende der Kochzeit hinzufügen.

Die Suppe mit Chili und Limettensaft vollenden und mit den Nudeln servieren.

Nudelsuppe
mit Karotten und Kokosmilch

Scharfer Auberginensalat

1 Aubergine (ca. 300 g)
1 kleine Knoblauchzehe
1 rote Zwiebel
5 EL Öl

Salz
½ TL Zucker
¼ Chilischote oder ¼ TL Chiliflocken
10 EL Wasser

2 EL Limettensaft
1 TL helle Sojasauce
12 Blatt Koriander
2 EL geröstete Erdnüsse

Aubergine schälen, erst in etwa 1,5 cm dicke Scheiben, dann diese in Streifen schneiden. Knoblauch fein reiben, Zwiebel in feine Streifen schneiden. Öl in einer Pfanne erhitzen. Auberginenstreifen, Knoblauch und Zwiebel darin 2–3 Minuten braten. Leicht salzen, Zucker und Chili dazugeben, 1 Minute pfannenrühren. Wasser angießen und weiterrühren, bis das Wasser verkocht ist und die Auberginen schön weich sind. Limettensaft und Sojasauce unterrühren und mit Korianderblättchen und gerösteten Erdnüssen bestreut, am besten lauwarm, servieren.

Scharfer Auberginensalat
mit Karotten und Kokosmilch

Grüne Minestrone

2 Schalotten
1 kleine Knoblauchzehe
1 kleine Zucchini
½ Kohlrabi (geputzt)
ca. 10 cm Lauch
ca. 50 g Fenchel

2 EL Olivenöl

Salz, frischer Pfeffer aus der Mühle
700 ml Wasser oder Gemüsefond

4 EL grüne Erbsen (TK)

2 EL grüne Oliven
1 Handvoll gekochte, kleine Pasta (vom Vortag)

Schalotten in feine Ringe, Knoblauch in Scheibchen schneiden, restliches Gemüse putzen und in kleine Würfel schneiden. Alles im heißen Olivenöl anschwitzen. Wasser oder Fond angießen und 5 Minuten köcheln lassen. Salzen und mit Pfeffer abschmecken. Erbsen dazugeben, Oliven grob hacken und zusammen mit der Pasta ebenfalls dazugeben. Noch 1 Minute kochen, dann vom Herd nehmen. Das Gemüse sollte noch schön knackig sein.

150 g junger Spinat
50 g Basilikum
50 ml Olivenöl
5 EL Sonnenblumen- oder Pinienkerne

Spinat, Basilikum, Öl und Kerne zu einem Pesto mixen und kurz vorm Servieren in die Minestrone rühren. Eventuell knusprig geröstetes Weißbrot dazu reichen.

DEKO-TIPP
Brotchips
Basilikum

Auch andere Einlagen, wie gekochter Reis, Graupen odere Hirse machen sich ganz wunderbar in diesem sommerlich leichten Süppchen.

Grüne Minestrone
mit Karotten und Kokosmilch

Tomaten-Bohnensalat

1 Handvoll grüne Bohnen
1 Zweig Thymian
1 Knoblauchzehe

Bohnen in kochendem, kräftig gesalzenenWasser mit dem Thymian und der leicht zerdrückten Knoblauchzehe ca. 5 Minuten blanchieren. In ebenfalls gesalzenem Eiswasser abschrecken, so behalten sie ihre schöne, grüne Farbe. Sie sollten durchgegart sein, aber noch Biss haben.

1 dicke Scheibe Bauernbrot
1 Zweig Rosmarin
3 EL Olivenöl

Brot würfeln und mit dem ganzen Rosmarinzweig in der Pfanne knusprig rösten. Zweig entfernen.

je 8 gelbe und rote Kirschtomaten
4 schöne, reife Aprikosen
6 EL weiße Riesenbohnen (Dose, abgetropft)
2 Handvoll feiner Pflücksalat, z. B. Brunnenkresse, Mizuna, junger Spinat oder Mangold

3 EL Weißweinessig
3 EL Tomatensaft
3 EL Olivenöl
2 EL Agavensirup
Salz, frischer Pfeffer aus der Mühle

DIE MARINADE
Kirschtomaten halbieren oder vierteln. Aprikosen entsteinen und in Spalten schneiden. Alles mit den Bohnensorten und den Zutaten für die Marinade in einer Schüssel mischen und ein paar Minuten durchziehen lassen. Salat und Brotwürfel erst kurz vor dem Servieren unterheben.

DEKO-TIPP
Rosmarinzweige

Tomaten-Bohnensalat
mit Karotten und Kokosmilch

Süßkartoffelpuffer
mit Guacamole

1 kleiner Apfel
1 kleine Süßkartoffel (ca. 250 g)
1 kleine Zwiebel

150 ml Sprudelwasser
1 gestrichener TL Salz
1 EL Sesam
4 EL Reismehl

Öl zum Braten

Apfel mit Schale von vier Seiten bis aufs Kerngehäuse runterraspeln, Süßkartoffel und Zwiebel ebenfalls grob raspeln. Mit den restlichen Zutaten in einer Schüssel vermischen. Ausreichend Öl in einer beschichteten Pfanne erhitzen und die Puffer darin von jeder Seite 4–5 Minuten bei mittlerer Hitze knusprig braten.

1 kleine Knoblauchzehe
¼ rote Chilischote
4 Kirschtomaten
2 schöne, reife Hass-Avocados
½ Limette
Salz, frischer Pfeffer aus der Mühle

DIE GUACAMOLE
Knoblauchzehe fein reiben, Chilischote in feine Ringe schneiden, Kirschtomaten achteln. Avocados halbieren, den Kern entfernen und mit einem Löffel aus der Schale lösen. Limettensaft auspressen. Alle Zutaten in eine Schüssel geben und mit einer Gabel gut durchmischen. Mit Salz und Pfeffer kräftig abschmecken.

Süßkartoffelpuffer mit Guacamole

Spargel & Kräuterseitlinge mit Salsa Verde

½ Bio-Zitrone
2 Hände voll gemischte Kräuter/ Wildkräuter
(z. B. Sauerampfer, Petersilie, Kerbel, Pimpinelle, Brunnenkresse, Brennessel,...)
1 TL Kapern
1 EL grüne Oliven
40 ml Öl
Salz, frischer Pfeffer aus der Mühle

Schale von der Zitrone abreiben und 4 Esslöffel Saft auspressen. Mit Kräutern, Kapern, Oliven und Öl im Mixer oder mit dem Pürierstab zu einer schönen, grünen Sauce verarbeiten. Mit Salz und Pfeffer abschmecken.

8 Stangen Spargel
2 EL Olivenöl
2 Prisen Salz
½ TL Zucker
4 EL Wasser
1 EL Zitronensaft

Spargel schälen und die holzigen Enden entfernen. Schräg in 4–5 cm lange Stücke schneiden. Kräuterseitlinge längs in dünne Scheiben schneiden. 2 Esslöffel Olivenöl in einer Pfanne erhitzen, Spargel salzen und zuckern und 2–3 Minuten anbraten. Wasser und Zitronensaft dazugeben und den Spargel bissfest garen. Aus der Pfanne nehmen und warmhalten.

2 kleine Kräuterseitlinge
1 Knoblauchzehe
Olivenöl
Salz, frischer Pfeffer aus der Mühle

Pfanne säubern, Knoblauchzehe mit der Messerseite leicht andrücken und mit drei Esslöffeln Olivenöl erhitzen. Kräuterseitlinge im heißen Öl 1–2 Minuten braten, salzen und pfeffern. Die Knoblauchzehe entfernen.

DEKO-TIPP
Pinienkerne
Kresse
Himbeeren

Spargel und Kräuterseitlinge auf zwei Tellern oder einer Platte anrichten, Salsa Verde separat dazu reichen. Eventuell mit rohen, sehr fein geschnittenen Champignons und Kräutern garnieren.

Spargel & Kräuterseitlinge
mit Salsa Verde

Schnelle Wan Tan-Suppe

DIE SUPPE

¾ Liter Gemüsebrühe
50 ml Weißwein
2 EL Palmzucker oder dunkler Rohrzucker
1 EL Tomatenmark
¼ TL Sambal Oelek
2 cm Ingwer, fein gerieben
½ TL Korianderpulver
2 EL süße Sojasauce
1 EL helle Sojasauce

Alle Zutaten für die Suppe in einen Topf geben und 10 Minuten leise köcheln lassen.
Währenddessen die Wan Tans zubereiten.
Mit ein wenig Übung geht das viel schneller als man denkt! ;)

DIE WAN TANS

1 kleine Möhre
5 cm Zucchini
3 EL gemahlene Mandeln
1 EL Sesampaste
1 Msp. gemahlener Koriander
1 EL süße Sojasauce
2 EL Röstzwiebeln
1 TL Speisestärke
2 EL Paniermehl

Möhre und Zucchini fein reiben und die Flüssigkeit herausdrücken. Restliche Zutaten dazugeben, gut vermischen und kräftig abschmecken.

12–16 Blätter Wan Tan- Teig
Salz und Pfeffer

Eine kleine Schüssel kaltes Wasser und einen Küchenpinsel bereitstellen.
Immer 4–8 Blätter Teig auf der Arbeitsplatte ausbreiten und mit einem Teelöffel etwas Füllung in die Mitte geben. Den restlichen Teig mit einem feuchten Tuch abdecken. Die Ränder mit Wasser bestreichen (das geht auch mit den Fingern) und den Teig diagonal über die Füllung legen und festdrücken. Dabei eingeschlossene Luft gut herausstreichen. So verfahren, bis alle Teigtäschchen fertig sind.

Frisches Gemüse nach Lust und Laune, z. B.:
10 cm Lauch
1 Baby-Pak Choi oder etwas Chinakohl
6 Röschen Broccoli
ein paar grüne Erbsen oder Zuckerschoten
8 Champignons

Gemüse klein schneiden und 3–5 Minuten in der Suppe köcheln lassen. 2 Minuten vor Ende der Garzeit die Wan Tans dazugeben.

je 2 Zweige frischer Dill und Koriander
ein paar Tropfen Sesamöl
1 TL gerösteter Sesam

Die Wan Tan-Suppe in Schüsseln anrichten, 1–2 Tropfen Sesamöl dazugeben, mit gezupften Kräutern und Sesam bestreuen.

Den Wan Tan Teig so weit auftauen lassen, dass man die gewünschte Anzahl Blätter abziehen kann. Den Rest gut in Klarsichtfolie einwickeln und bis zum nächsten Gebrauch wieder in den Tiefkühlschrank legen.

Schnelle Wan Tan-Suppe

Rucola-Senfrahmsuppe

10 cm weißer Lauch
3 Schalotten
200 g Kartoffeln
2 kleine Bund Rucola

3 EL Olivenöl

100 ml Weißwein
700 ml Gemüsebrühe
80 ml Sahne
2 EL Dijonsenf
Salz
frischer Pfeffer aus der Mühle
Muskatnuss

Lauch in Ringe schneiden, Schalotten abziehen und ebenfalls klein schneiden. Kartoffeln würfeln. Rucola grob zerkleinern. Olivenöl in einem Topf erhitzen und Schalotten und Lauch darin glasig dünsten. Kartoffeln dazugeben, mit Weißwein ablöschen. Brühe angießen und etwa 15 Minuten köcheln lassen, bis die Kartoffeln weich sind. Sahne dazugeben und einmal aufkochen lassen. Senf und Rucola dazugeben und feinschaumig pürieren. Mit Salz, Pfeffer und Muskatnuss lecker abschmecken.

5 cm Gurke
1 Prise Puderzucker
1 Prise Salz

Während die Suppe kocht, Gurke ohne Kerne sehr fein würfeln, salzen und zuckern. Pinienkerne in einer Pfanne ohne Fett unter ständigem Wenden hellbraun rösten.

2 EL Pinienkerne

Die fertige Suppe mit Gurkenwürfelchen und gerösteten Pinienkernen bestreuen.

Rucola-Senfrahmsuppe

Lauwarmer Radieschen-Gurkensalat

6 Shiitakepilze
1 kleine Möhre
10 Radieschen
1 Gurke

Shiitakepilze in feine Scheiben schneiden, Möhre fein würfeln, 8 Radieschen vierteln. 2 Radieschen mit dem Gemüsehobel oder einem scharfen Messer in sehr dünne Scheibchen schneiden. Mit dem Sparschäler von der Gurke ein Paar feine Streifen zur Dekoration abschälen. Restliche Gurke komplett schälen und vom Kerngehäuse runter in etwa bleistiftdicke Stifte schneiden.

2 EL helle Sojasauce
¼ – ½ TL Wasabipaste
3 EL Reisessig

In einer kleinen Schüssel Sojasauce mit Wasabi und Essig verrühren.

2 EL Rapsöl
1 TL Zucker
1 Prise Salz

1 Handvoll junge Spinatblätter

Karottenwürfelchen und Shiitakepilze im heißen Öl 2–3 Minuten anbraten, salzen und zuckern. Radieschen und Gurke dazugeben und 1 Minute mitbraten. Vom Herd nehmen, Dressing und Spinatblätter unterheben, sofort mit den gehobelten Radieschen und den Gurkenstreifen servieren.

DEKO-TIPP
Schnittlauch
Dill

Lauwarmer Radieschen-Gurkensalat

Fruchtiges Carpaccio

ca. 200 g Melone (gemischt, z. B. Cantaloupe-, Honig-, Wassermelone)
1 Sternfrucht
ca. 100 g reife Mango

¼ TL Kreuzkümmelsaat
½ TL Koriandersaat
½ TL Fenchelsaat
3 EL Agavensirup
2 EL Walnussöl
¼ – ½ Chilischote
eine Stange Zitronengras
1 Limette
1 Zweig Minze
6 Blatt Thai-Basilikum
10 Blatt Koriander

4 EL Erdnüsse

Gewürzsaaten in einer trockenen Pfanne rösten, bis sie duften. Im Mörser fein zerstoßen. Vom Zitronengras das untere Drittel fein abreiben, Chilischote fein hacken. Kräuter in feine Streifen schneiden. Schale von der Limette abreiben und 3 Esslöffel Saft auspressen. Alle Zutaten für die Marinade gut vermischen und die dünn geschnittenen Früchte damit marinieren. Ein paar Minuten ziehen lassen und auf flachen Tellern fächerartig anrichten. Erdnüsse in einer Pfanne ohne Öl unter ständigem Wenden hellbraun rösten, grob hacken und über das Fruchtcarpaccio streuen. Sofort servieren.

Fruchtiges Carpaccio

Birnen-Pilztatar

ca. 200 g Kräuterseitlinge oder Champignons
2 Schalotten
1 kleine Birne (Williams)
1 EL Pinienkerne
1 kleiner Bund Petersilie
3 EL Walnussöl
1 EL Zitronensaft
Salz, frischer Pfeffer aus der Mühle

Pilze, Schalotten und Birne sehr fein würfeln. Pinienkerne in einer Pfanne ohne Fett unter ständigem Rühren hellbraun rösten. Abkühlen lassen. Petersilie fein schneiden. Alles in einer Schüssel vermischen und mit Walnussöl, Zitronensaft, Salz und Pfeffer lecker abschmecken. 10 Minuten durchziehen lassen.

1 Knoblauchzehe
3 EL Olivenöl
1 kleines Ciabattabrötchen
Salz

Knoblauchzehe fein reiben und mit Olivenöl vermischen. Ciabattabrötchen dünn aufschneiden und die Scheiben mit Knoblauchöl bestreichen. Leicht salzen und unterm Grill oder in der Pfanne knusprig goldbraun werden lassen.

1 kleines Glas Artischocken (in Öl oder Sud)
Salz

Artischocken abtropfen lassen und mit Salz und eventuell etwas Öl zu einer feinen Crème pürieren.

Das Tatar mit Knoblauch-Brotchips und Artischockencrème anrichten und sofort servieren.

DEKO-TIPP
½ Birne
Petersilie

Birnen-Pilztatar

Apfelcarpaccio

1 roter Apfel
2 cl weißer Balsamico Essig
4 cl Grenadine (Granatapfelsirup)
4 cl naturtrüber Apfelsaft

Essig, Sirup und Apfelsaft gut verrühren. Das Kerngehäuse ausstechen und den Apfel in hauchdünne Scheiben schneiden. Apfelscheiben gut mit der Marinade bedecken und 10 Minuten ziehen lassen.

3 EL Kürbiskerne
1 TL Puderzucker
5 Tropfen weißer Balsamico Essig
1 Prise Salz

Kürbiskerne mit Puderzucker, Essig und Salz in einer kleinen Pfanne mischen. Unter Rühren auf mittlerer Flamme rösten. Auf Backpapier abkühlen lassen.

1 kleine Schalotte
1 haselnussgroßes Stück Ingwer
4 EL neutrales Öl
¼ TL Currypulver
3 EL Agavensirup
3 EL weißer Balsamico Essig
1 Prise Salz

Schalotte sehr fein würfeln, Ingwer fein reiben. Gründlich mit den restlichen Zutaten verrühren und mit dem Feldsalat mischen.

2 Handvoll Feldsalat, gewaschen und geputzt
2 EL Granatapfelkerne

Apfelcarpaccio flach auf 2 Tellern ausbreiten, Feldsalat darauf anrichten und nach Lust und Laune dekorieren. Hübsch sind z. B. feine, weiße Rettichstreifen. Mit Kürbis- und Granatapfelkernen bestreuen und sofort servieren.

DEKO-TIPP
weißer Rettich

Apfelcarpaccio

Brezelsalat
mit Rettich

ca. 20 cm weißer Rettich
4 Champignons
1 Tomate

Rettich schälen und in feine Scheiben schneiden oder hobeln. In eine Schüssel geben, leicht salzen und etwas ziehen lassen. Champignons ebenfalls in feine Scheiben schneiden. Tomate fein würfeln. Beides zum Rettich in die Schüssel geben.

2 TL Kapern
4 EL Tomatensaft
2 EL Olivenöl
2 EL Kürbiskernöl
3 EL Weißweinessig
½ TL Senf
1 TL Puderzucker
1 Prise Paprikapulver
⅛ TL Kümmel
(im Mörser grob zerrieben)
Salz und frischer Pfeffer aus der Mühle

Alle Zutaten zum Gemüse in die Schüssel geben und gut durchmischen.

4 EL Kürbiskerne
4 Tropfen dunkler Balsamico-Essig
1 Prise Salz
1 Prise Zucker

Kürbiskerne mit Essig, Salz und Zucker in einer trockenen Pfanne unter ständigem Wenden 2-3 Minuten rösten. Aus der Pfanne nehmen.

2 Laugenbrezeln
1 EL hochwertige Margarine
ein paar Salatblätter zum Anrichten

Brezeln grob zerpflücken oder in Stücke schneiden. Margarine in der Pfanne zerlassen und die Brezelstücke darin ebenfalls knusprig rösten.

Brezelcroutons in die Schüssel zum Gemüsesalat geben und vermengen. Sofort mit den Salatblättern und den gerösteten Kürbiskernen bestreut servieren.

Brezelsalat
mit Rettich

Caprese-Tomatensalat

DIE MARINADE

- 1 TL helle Misopaste
- 2 EL Olivenöl
- 2 Prisen Salz
- 2 EL heller Balsamico-Essig

Alle Zutaten für die Marinade gründlich verrühren.

DER SALAT

- 200 g frischer, fester Tofu
- 1 große Tomate
- 1 kleine Zucchini
- 1 kleines Bund Basilikum
- Salz und frischer Pfeffer aus der Mühle

Tofu, Tomate und Zucchini in sehr kleine Würfel schneiden. Basilikum in Streifen schneiden. Tofu mit der Marinade vermischen und einige Minuten durchziehen lassen. Gemüsewürfel und Basilikum unterheben und mit Salz und Pfeffer abschmecken.

Dazu passt frisches oder geröstetes Baguette oder Ciabatta.

Caprese-Tomatensalat

Rettichsalat
mit Tempeh und Gurke

15 cm weißer Rettich
15 cm Gurke
¼ TL Salz

1 haselnussgroßes Stück Ingwer
2 EL Agavensirup
1 Prise Paprikaflocken
2 Tropfen Sesamöl

Rettich und Gurke schälen und in dünne Scheiben schneiden oder hobeln. In eine Schüssel geben, salzen und 10 Minuten ziehen lassen. Entstandenes Wasser abgießen. Ingwer fein reiben und mit Agavensirup, Paprikaflocken und Sesamöl zum Salat geben. Gut durchmischen.

100 g Tempeh
Salz
2 EL Öl
2 EL helle Sojasauce
1 EL Ketchup
4 EL Edamamebohnen oder dicke Bohnen

Tempeh zerbröseln, salzen und im heißen Öl knusprig anbraten. Sojasauce, Ketchup und Bohnen dazugeben und erwärmen.

Rettichsalat
mit Tempeh und Gurke

Tempeh-Canapés

½ Mango
½ kleine Kohlrabi
10 cm Staudensellerie
1 kleines Stück rote Paprika
10 Blatt Petersilie oder Minze
2 EL Agavensirup
½ Zitrone
1 Prise Salz

Mango, Kohlrabi, Sellerie, und Paprika in kleine Würfel schneiden, Kräuter in Streifen schneiden. Alles vermischen und mit Agavensirup, Zitronensaft und Salz abschmecken.

200 g Tempeh
Salz
Öl zum Braten

100 ml Ananassaft
1 EL Ketchup
1 EL süße Sojasauce
½ TL Chilisauce
2 Msp. Zimt

Tempeh in Scheiben schneiden, salzen und in reichlich Öl knusprig anbraten. Eventuell überschüssiges Öl abgießen. Ananassaft, Ketchup, Zimt, süße Soja- und Chilisauce zum Tempeh geben. Alles ein paar Minuten auf kleiner Flamme einköcheln lassen, bis der Tempeh schön glasiert ist. Auf Tellern anrichten und die Mangosalsa darauf verteilen.

DEKO-TIPP
Kräuter- oder Wasabimojo
Gurkenscheiben

Tempeh-Canapés

HAUPTGERICHTE

Berliner Boulette
mit Apfel-Gurkensalat

Zuerst Apfel-Gurkensalat und Senf-Dill-Sauce zubereiten.

DER APFEL-GURKENSALAT

- 2 EL Zucker
- 15 EL Wasser
- 6 EL Weißweinessig
- 5 Pfefferkörner
- 1 TL Senfkörner
- ½ TL Salz

Alle Zutaten in einen kleinen Topf geben und auf kleiner Flamme 5 Minuten köcheln lassen.

- 1 Gurke
- 1 Granny Smith Apfel

Inzwischen Gurke längs halbieren, Kerne mit einem Teelöffel oder Kugelausstecher entfernen und schräg in Scheiben schneiden oder würfeln. Apfel schälen. Fruchtfleisch mit vier Schnitten vom Kerngehäuse schneiden und würfeln. Beides mischen und den heißen Würzsud darüber gießen. Eventuell Pfefferkörner entfernen. Mindestens 10 Minuten durchziehen lassen.

DIE SENF-DILL-SAUCE

- 1 Bund Dill
- 100 ml neutrales Öl
- 2 EL guter Senf
- 2 EL Weißweinessig
- ½ TL Zucker
- Salz

Alle Zutaten mit dem Pürierstab gründlich mixen, bis die Sauce emulgiert. Mit Salz abschmecken.

DIE BOULETTEN

- 2 Scheiben Toastbrot
- 1 kleine Dose Kidneybohnen
- 4 EL Röstzwiebeln
- 2 gekochte Kartoffeln
- 2 Zweige Oregano oder ¼ TL getrockneten
- 1 TL Paprikapulver
- 3 EL feine Haferflocken
- 2 EL Speisestärke
- 1 TL Senf
- 1 TL Tomatenmark oder Harissa
- Salz, viel frischer Pfeffer aus der Mühle
- Öl zum Braten

Toastbrot in kaltem Wasser einweichen. Kidneybohnen in eine Schüssel geben und mit einer Gabel zerdrücken. Restliche Zutaten und leicht ausgedrücktes Toastbrot dazugeben und alles gründlich verkneten. Mit angefeuchteten Händen vier große oder mehrere kleine Bouletten formen und in heißem Öl von beiden Seiten je etwa 5–6 Minuten braten. Mit Salat und Sauce servieren.

Berliner Boulette
mit Apfel-Gurkensalat

Blumenkohl-Enchilada

ca. 400 g Blumenkohl
1 kleine Zwiebel
2 Tomaten
4 EL Öl
1 Handvoll grüne Erbsen (TK)
Salz

Backofen auf 200°C Grad vorheizen.
Blumenkohl in kleine Röschen teilen, Zwiebel in feine Streifen schneiden. Eine Tomate würfeln, die andere in Scheiben schneiden. Blumenkohl und Zwiebel im heißen Öl etwa 4 Minuten anbraten, salzen. Erbsen und Tomatenwürfel dazugeben.

300 ml ungesüßte (!) Sojamilch
2 EL Mehl
1 EL Speisestärke
¼ TL Kurkuma
¼ TL edelsüßes Paprikapulver
1 EL Würz-Hefeflocken
½ TL Salz
2 EL Öl

Mit einem Schneebesen Sojamilch, Mehl, Stärke, Gewürze, Salz und Öl gründlich verrühren.
Tortillafladen unter fließendem Wasser kurz befeuchten und auf die Arbeitsfläche legen. Die Blumenkohlfüllung auf dem unteren Drittel verteilen und alles vorsichtig zusammenrollen. Die Rollen nebeneinander in eine passende Auflaufform legen, eventuell übrige Füllung darauf verteilen. Sauce darüber gießen und alles 15-20 Minuten im heißen Backofen gratinieren.

2 Weizentortillas

DEKO-TIPP
Erbsen
Petersilie

Würz-Hefeflocken verleihen Cremes und Saucen ein leicht käsiges Aroma. Im Reformhaus oder Bioladen erhältlich. Enthalten wertvolle B-Vitamine und sind somit ein gesunder Geschmacksbooster.

Blumenkohl-Enchilada

Geräucherter Tofu
mit Rote Bete-Kartoffelkruste und Pfefferschmorgurke

400 g Räuchertofu

4 kleine, dünne Apfelscheiben
2 TL geriebener Meerrettich (Glas)

Aus dem Tofu (je nach Format) vier dicke Scheiben schneiden. In jede mit einem kleinen Messer seitlich eine kleine „Tasche“ schneiden oder einfach quer halbieren, aber nicht ganz durchschneiden. Vorsichtig die Apfelscheibe darin platzieren und mit Meerrettich bestreichen.

1 mittelgroße Kartoffel
1 kleine Rote Bete
2 Zweige Majoran
1 Prise Muskatnuss
1 TL Kartoffelmehl oder Speisestärke
¼ TL Salz
frischer Pfeffer aus der Mühle

Öl zum Braten

Kartoffel und Rote Bete schälen, grob raspeln. Majoran von den Zweigen zupfen und fein hacken. Alles mit den restlichen Zutaten vermischen. Öl in einer Pfanne erhitzen und die Masse in vier Portionen in die Pfanne geben. Jeweils eine gefüllte Tofuscheibe darauf setzen und die Ränder mit einer Palette oder einem Löffel etwas am Tofu festdrücken. Auf kleiner Flamme etwa 5–7 Minuten knusprig anbraten. Vorsichtig umdrehen und weitere 3 Minuten braten. Im Ofen bei 140 °C warmhalten.

DIE PFEFFERSCHMORGURKE

1 Gurke
1 EL Margarine
2 Prisen Salz
1 Prise Zucker
½ TL gehackte, grüne Pfefferkörner
2 EL Wasser

Gurke längs halbieren, die Kerne mit einem Kugelausstecher oder einem Teelöffel entfernen. Gurke schräg in knapp 2 cm dicke Scheiben schneiden. Margarine in einer Pfanne schmelzen, Gurkenstücke hineingeben, salzen und zuckern. Pfefferkörner dazugeben und alles unter Rühren 1 Minute anbraten. Wasser dazugeben und 2 Minuten schmoren.

1 kleines Bund Dill
250 g ungesüßter (!) Sojajoghurt
2 EL Zitronensaft
2 EL Olivenöl
Salz und Pfeffer

Dill fein schneiden, gründlich mit Joghurt, Zitronensaft und Öl verrühren. Mit Salz und Pfeffer kräftig abschmecken. Die Joghurtsauce mit den Schmorgurken zum Tofu servieren.

Geräucherter Tofu
mit Rote Bete-Kartoffelkruste und Pfefferschmorgurke

Gewürz-Kürbis-Couscous

200 g Hokkaido- oder Butternusskürbis
3 Schalotten
1 Knoblauchzehe
2 EL Öl
1 TL Zucker
1 TL 5-Gewürzpulver
3 EL Weißwein
2 Tassen Wasser oder Brühe
1 Tasse Couscous
Salz

Kürbis in kleine Würfel, Schalotten in feine Streifen schneiden, Knoblauch reiben oder hacken. Kürbis 2 bis 3 Minuten im heißen Öl anbraten, salzen. Schalotten, Knoblauch, Zucker und Gewürze dazugeben und 1 Minute unter Rühren mitbraten. Wein dazugeben und weiterrühren, bis der Wein verkocht und der Kürbis weich ist. Brühe angießen und einmal aufkochen lassen. Couscous in eine Schüssel geben, mit dem Kürbissud bedecken und abgedeckt 10 Minuten quellen lassen.

80 g Walnüsse
etwas Wasser
2 EL Agavensirup
1 Spritzer Zitronensaft
Salz

Die Hälfte der Walnüsse mit 2–3 Esslöffeln Wasser, Agavensirup, einer Prise Salz und Zitronensaft feincremig pürieren.

1 kleiner Kopf Radicchio
1 kleine Birne (Williams)
1 EL Zucker
1 TL Margarine
4 EL Orangensaft

Birne würfeln. Margarine in einer Pfanne zerlassen. Die restlichen Walnüsse und den in grobe Stücke zerpflückten Radicchio darin unter Rühren 2 Minuten anbraten, vorsichtig salzen. Zucker dazugeben und leicht karamellisieren lassen. Mit Orangensaft ablöschen. Birne untermischen und alles 1 Minute schmoren lassen.

1 kleiner Bund Petersilie
Salz
2–3 EL Olivenöl
1 Spritzer Zitronensaft

Petersilie grob hacken. Couscous mit einer Gabel lockern, Petersilie unterheben und mit Salz, Olivenöl und Zitronensaft abschmecken. Mit Walnusscrème und geschmortem Radicchio servieren.

Gewürz-Kürbis-Couscous

Granatapfel-Walnussbolognese

2 Schalotten
1 kleine Möhre
1 Prise Salz
2 Tomaten

2 EL Öl
1 TL Tomatenmark
1 Handvoll Walnüsse, grob zerstoßen

3 EL Grenadine (Granatapfelsirup)
1 EL Rotweinessig
125 ml Wasser
1 Prise Salz und frischer Pfeffer aus der Mühle

Schalotten in feine Würfel schneiden, Möhre schälen und grob raspeln. Tomaten in kleine Würfel schneiden oder im Blitzhacker grob zerkleinern.
Zwiebel und Möhre in Olivenöl 3–4 Minuten anschwitzen. Tomatenmark und Walnüsse dazugeben und unter Rühren 2 Minuten anrösten. Grenadine, Rotweinessig, Wasser und gehackte Tomaten untermengen und alles 5 Minuten köcheln lassen. Mit Salz und Pfeffer kräftig abschmecken.

2 kleine Zucchini
2 EL Olivenöl
3 EL Granatapfelkerne
1 Zweig Petersilie

Die Zucchini mit dem Sparschäler längs in dünne Scheiben schneiden. Olivenöl in einer Pfanne erhitzen und die Zucchinipapardelle darin nur ganz kurz erwärmen. Mit der Sauce, Granatapfelkernen und grob geschnittener Petersilie servieren.

Granatapfel-Walnussbolognese

Kokosnuss-Kürbispasta

250 g Spaghettini
Salz

Ausreichend Wasser in einem großen Topf zum Kochen bringen. Ausreichend salzen.
Spaghettini darin bissfest garen. 150 ml vom Kochwasser aufheben.

150 g Hokkaido-Kürbis

1 kleine, rote Zwiebel
2 EL Öl
1 Handvoll kleine Champignons
8 Broccoliröschen
¼ TL Sambal Oelek oder Chilipulver
1 gestr. TL gemahlener Koriander
200 ml Kokosmilch
Salz

Kürbis erst in Spalten, diese dann in etwa 3 mm dicke Scheibchen schneiden.
Zwiebel in Streifen schneiden. Kürbis und Zwiebel unter Rühren im heißen Öl etwa 3 Minuten anbraten. Champignons und Broccoli dazugeben und weitere 2 Minuten pfannenrühren.
Sambal und Koriander untermengen und kurz mitanschwitzen. Pastawasser und Kokosmilch dazugeben und 5 Minuten einköcheln lassen. Salzen.

½ Bio-Limette
½ Bund Koriander
2 EL Kürbiskerne, geröstet

Schale von der Limette abreiben, und mit dem ausgepressten Saft in die Sauce geben. Korianderblätter grob hacken und mit der Pasta in die Sauce geben. Alles gut durchmischen, abschmecken und sofort mit Kürbiskernen bestreut servieren.

Kokosnuss-Kürbispasta

Lauch-Kartoffelsotto

280 ml Gemüsebrühe

Gemüsebrühe zum Kochen bringen.

1 mittelgroße Zwiebel
3–4 mittelgroße Kartoffeln
15 cm weißer Lauch
½ Bund Schnittlauch

Zwiebel in feine Würfel schneiden. Kartoffeln schälen, in kleine Würfel schneiden oder grob raspeln. Mit den Händen die Flüssigkeit aus den geriebenen Kartoffeln drücken.
Lauch quer halbieren und schräg in sehr feine Streifen schneiden. Schnittlauch in feine Ringe schneiden.

2 Lorbeerblätter
4 EL Olivenöl
1 Prise Zucker
70 ml Weißwein oder Prosecco
1 EL Margarine
Salz, Muskat, frischer Pfeffer aus der Mühle

Zwiebelwürfel und Lauch im heißen Öl anbraten. Lorbeer, Zucker und Kartoffeln dazugeben und alles ganz leicht hellbraun anschwitzen. Mit Weißwein ablöschen und die heiße Gemüsebrühe dazugeben. Je nach verwendeter Gemüsebrühe etwas Salz hinzufügen. Alles 3–4 Minuten unter Rühren bissfest garen. Margarine und Schnittlauchröllchen unterheben. Mit Salz, Pfeffer und Muskat lecker abschmecken.

ca. 150 g Broccoli
2 EL Olivenöl
Salz
2 EL gehobelte Haselnüsse

Broccoli in kleine Röschen teilen und im heißen Öl 4–5 Minuten unter Rühren anbraten. Salzen, Haselnüsse dazugeben und kurz hellbraun anrösten.

DIE ROMANA GREMOLATA

2–3 Blatt Romanasalat
½ Bio-Zitrone
½ Knoblauchzehe
2 EL Olivenöl
Salz
1 Prise Chiliflocken
etwas rosa Pfeffer (rosa Beeren)

Salatblätter in sehr feine Streifen schneiden. Die Schale von der Zitrone abreiben und 2 EL Saft auspressen. Knoblauchzehe fein reiben. Alles gut mit den restlichen Zutaten vermischen.

Sofort mit dem cremigen Kartoffelsotto und dem gerösteten Broccoli servieren.

DEKO-TIPP
Zitronenzesten
Dill
Kresse

Lauch-Kartoffelsotto

Linsen-Kokosreis
mit Mango-Tempura

160 g Basmatireis
80 g rote Linsen
2–3 cm Ingwer
2 Stängel Zitronengras
½ TL Salz

200 ml Wasser
250 ml dicke Kokosmilch

3 Limettenblätter
1 Knoblauchzehe

1 Spritzer Limettensaft

Reis und Linsen in einem feinem Sieb mit reichlich kaltem Wasser abbrausen und 5 Minuten abtropfen lassen.
Ingwer und das untere Drittel vom Zitronengras fein reiben, restliches Zitronengras mit dem Messerrücken faserig klopfen. Reis, Linsen, Salz, Ingwer und geriebenes Zitronengras in einem Topf mischen, Wasser und Kokosmilch dazugeben. Limettenblätter, Zitronengrasstängel und Knoblauchzehe einfach obendrauf legen. Deckel auf den Topf setzen und auf kleiner Flamme zum Kochen bringen. 5 Minuten köcheln lassen, ohne den Deckel zu lüften. Flamme ausschalten und weitere 10 Minuten bei geschlossenem Deckel quellen lassen. Mit Limettensaft beträufeln.
Währenddessen Mango-Tempura zubereiten.

DER TEMPURATEIG

125 ml kaltes Wasser
2 geh. EL Reismehl
1 geh. EL Maisstärke
2 EL Sesam
½ TL Chiliflocken
¼ TL Salz

Wasser in eine Schüssel geben, die restlichen Zutaten dazugeben und gründlich verrühren.

1 reife Mango
Öl zum Ausbacken

Öl in einem ausreichend großen Topf erhitzen, bis an einem hineingehaltenen Holzlöffel kleine Bläschen aufsteigen. Mango schälen und in mundgerechte Stücke teilen. Durch den Teig ziehen und im heißen Öl knusprig ausbacken. Auf Küchenpapier abtropfen lassen.

3 EL süße Chilisauce
3 EL Orangensaft

Chilisauce und Orangensaft verrühren und zum Linsenreis und der gebackenen Mango reichen.

DEKO-TIPP

Sesam
Kerbel
Minze
Mini-Aubergine

Linsen-Kokosreis
mit Mango-Tempura

Moussaka

der üppige Klassiker hier mal als sommerlich leichte Version

DAS WALNUSSRAGÙ

2 Tomaten
5 getrocknete Tomaten
2 TL Tomatenmark
2 Zweige Oregano oder ½ TL getrocknetes Kraut
3 EL Olivenöl
6 EL Walnüsse
Salz, frischer Pfeffer aus der Mühle

Tomaten vierteln, den Strunk dabei entfernen. Zusammen mit den getrockneten Tomaten, Tomatenmark, Oregano und Öl in einen Mixbecher geben und grobstückig pürieren. Walnüsse grob hacken oder zerdrücken und unterheben. Mit Salz und Pfeffer kräftig abschmecken.

DIE JOGHURT-„BÉCHAMEL"

8 EL ungesüßter (!) Sojajoghurt
¼ TL Salz
1/8 TL Johannisbrotkernmehl
2 EL Walnussöl
frische Muskatnuss
1 EL Würz-Hefeflocken
1 TL Zitronensaft

Alle Zutaten in einen Mixbecher geben und mit dem Pürierstab gründlich verrühren.

8 Scheiben Aubergine (ca. 1,5 cm dick)
4 EL Knoblauchöl
Salz
8 Scheiben Tomate

Auberginenscheiben mit Knoblauchöl einreiben, salzen und zusammen mit den Tomaten in der heißen Grillpfanne von jeder Seite 3–4 Minuten grillen. Warm halten.

DIE RÖSTIS

2 mittelgroße Kartoffeln
Salz
frische Muskatnuss
1 TL Kartoffelmehl
Öl zum Braten

Kartoffeln gründlich waschen und mit Schale nicht zu grob raspeln. Kartoffelraspel mit den Händen gut ausdrücken. Die trockenen Raspel mit etwas Salz, einer Prise Muskatnuss und Kartoffelmehl vermengen. Reichlich Öl in einer Pfanne erhitzen und darin aus der Masse vier kleine Röstis backen. Auf Küchenpapier gut abtropfen lassen.

Röstis, Auberginen- und Tomatenscheiben mit den beiden Saucen übereinanderschichten und sofort servieren.

Wer es lieber heiß mag, kann das Johannisbrotkernmehl in der Joghurtsauce durch 4 gestrichene TL Kartoffelmehl ersetzen und alles nach dem Schichten unter dem heißen Grill etwa 10 Minuten gratinieren.

Moussaka

Vanillespargel
mit Tomatenmayonnaise

500 g weißer Spargel

2 EL flüssige Margarine
1 Vanilleschote
¼ TL Salz
2 TL Puderzucker
1 kleine Bio-Orange oder -Zitrone

Spargel gründlich schälen und die holzigen Enden entfernen. Vanilleschote längs aufschneiden und das Mark herauskratzen. Margarine, Vanillemark, Salz und Puderzucker vermischen. Spargelstangen auf eine große Seite Backpapier legen und mit der Mischung beträufeln. Orange in Scheiben schneiden und darauf verteilen, Vanilleschote ebenfalls dazulegen. Backpapier über dem Spargel mithilfe eines Stücks Küchengarn fest zusammenbinden. Im Backofen bei 160 °C etwa 20 Minuten backen, bis der Spargel weich ist.

4 EL vegane Mayonnaise
4 EL ungesüßter (!) Sojajoghurt
1 EL Olivenöl
1 Tomate
2 Zweige Basilikum
Salz, frischer Pfeffer aus der Mühle

Mayonnaise, Joghurt und Olivenöl gut verrühren und mit Salz und Pfeffer kräftig abschmecken.
Tomate fein würfeln, Basilikum in feine Streifen schneiden. Beides unter die Sauce heben und zum Spargel servieren.

DEKO-TIPP
Petersilie

Vanillespargel
mit Tomatenmayonnaise

Mac und Avocado

die gesunde Alternative zu üppigen Maccaroni mit Käse

250 g Penne oder kurze Maccaroni	Pasta in ausreichend kochendem, kräftig gesalzenem Wasser bissfest garen.
1 Avocado 1 Spritzer Zitronensaft 1 TL helle Misopaste 1 EL Öl 12 EL Wasser Salz und frischer Pfeffer aus der Mühle 1 Prise geriebene Muskatnuss	Währenddessen alle Zutaten für die Sauce mit dem Pürierstab fein zerkleinern und lecker abschmecken.
8 Kirschtomaten 1 kleines Bund Rucola	Tomaten vierteln, Rucola grob hacken.
1 EL Pinienkerne 1 Prise Chiliflocken oder mehr nach Geschmack	Pasta abgießen und sofort mit der Sauce, Tomaten und Rucola mischen. Pinienkerne und Chiliflocken im Mörser grob zerstoßen und über die Pasta geben. Sofort servieren.

Mac und Avocado

Macadamia-Erbsenravioli

2 Schalotten
1 EL Öl
120 g grüne Erbsen (TK)
½ TL Salz
frischer Pfeffer aus der Mühle
eine Prise Muskatnuss
75 g Macadamia-Nüsse (geröstet und gesalzen)
3 EL Paniermehl

Schalotten klein schneiden und im heißen Öl glasig dünsten, Erbsen und Salz dazugeben und würzen. Nüsse grob hacken und mit dem Paniermehl dazugeben. Mit dem Pürierstab grob pürieren.

36 Wantanteigblätter

Eine kleine Schüssel mit kaltem Wasser bereitstellen.
9 Wantanblätter auf der Arbeitsfläche ausbreiten und in die Mitte jeweils 1 Teelöffel von der Füllung geben. Mithilfe eines Küchenpinsels die Ränder mit Wasser bestreichen und mit einem weiteren Wantanblatt abdecken. Die Ränder fest zusammendrücken und eventuelle Luftblasen sorgfältig herausstreichen. Mit einem gewellten Ausstecher oder einem Glas Ravioli ausstechen. So weiterverfahren, bis der Teig (oder die Füllung) aufgebraucht ist.

8 kleine, weiße Champignons
4 Stangen Spargel, geschält
2 EL Olivenöl
Salz, frischer Pfeffer aus der Mühle

50 ml Weißwein
150 ml Gemüsebrühe
1 EL Margarine

abgeriebene Schale von einer Bio-Zitrone
ein paar grob gehackte Macadamia-Nüsse
2 EL Kürbiskernöl
2 TL Preiselbeersauce (Glas)

Champignons je nach Größe halbieren oder vierteln. Spargel schräg in Stücke schneiden. Beides im heißen Öl einige Minuten anbraten, mit Salz und Pfeffer würzen. Mit Weißwein ablöschen. Brühe und Ravioli dazugeben und 2–3 Minuten ziehen lassen, bis sie gar sind. Margarine vorsichtig unterheben. Auf zwei Teller verteilen und jeweils etwas Zitronenschale, gehackte Nüsse, Kernöl und Preiselbeeren darauf verteilen.

Dank des fertigen Teigs und der Zubereitung direkt in der Sauce sind die Ravioli mit etwas Übung wirklich blitzschnell gemacht. Da der Teig aber sehr schnell austrocknet, sollte er immer luftdicht verpackt sein. Während der Zubereitung am besten ein feuchtes Tuch über die übrigen Blätter legen.

Beschleuniger: Den allerersten Schritt auslassen und statt Schalotten einfach 2 EL Röstzwiebeln in die Masse geben. Dann die Erbsen einfach mit 1 Esslöffel Wasser in einer heißen Pfanne auftauen lassen und weiterverfahren, wie im Text beschrieben.

Macadamia-Erbsenravioli

Maronenknödel
mit Rote-Bete-Sauce

6 Scheiben Toastbrot
120 g Maronen, gegart
1 kleines Bund Schnittlauch
3 EL Kartoffelmehl
2 EL Kichererbsenmehl
2 EL Röstzwiebeln
1 EL hellen Balsamicoessig

Als erstes einen ausreichend großen Topf mit Wasser zum Kochen bringen, salzen.
Währenddessen Toast in etwa 1 x 1 cm große Würfel schneiden, Maronen mit der Messerseite andrücken und grob hacken. Schnittlauch in feine Ringe schneiden. Alles zusammen mit den Mehlsorten, Röstzwiebeln und Essig in eine Schüssel geben.

1 Zwiebel
100 g geräucherter Tofu
2 Zweige Thymian
3 EL Öl
200 ml ungesüßte Sojamilch
Salz, frischer Pfeffer aus der Mühle
Muskatnuss

Zwiebeln und Tofu fein würfeln. Thymian vom Zweig streifen und fein hacken. Tofuwürfel in einer beschichteten Pfanne im Öl knusprig anbraten, Zwiebeln dazugeben und glasig dünsten. Thymian und Sojamilch untermengen und einmal aufkochen. Die ‚heiße' Mischung zu den restlichen Zutaten in die Schüssel geben und gut vermischen. Mit Salz, Muskat und frischem Pfeffer abschmecken. Mit angefeuchteten Händen (eine kleine Schüssel mit kaltem Wasser bereitstellen) kleine Knödel formen und im heißen Wasser etwa 10 Minuten auf sehr kleiner Flamme mehr ziehen als kochen lassen.

2 kleine Knollen gekochte Rote Bete (vakuumiert)
30 ml kaltgepresstes Rapsöl
30 ml Wasser
½ TL Salz
1 Prise Zucker
2 EL Rotweinessig

Alle Zutaten für die Sauce im Mixer oder mit dem Pürierstab sämig pürieren und lecker abschmecken.

6 Salbeiblätter
1 EL Margarine oder 2 EL Öl
ein paar Kalamata Oliven

Salbeiblätter grob schneiden, zusammen mit den Knödeln in einer beschichteten Pfanne mit Margarine leicht knusprig anbraten. Oliven dazugeben und kurz erwärmen. Mit der Rote Bete-Sauce servieren.

Maronenknödel
mit Rote-Bete-Sauce

Möhrencurry

1 TL Koriandersaat
1 TL Fenchelsamen
½ TL Kreuzkümmelsamen
½ TL Kurkuma, gemahlen

Samen in einer trockenen Pfanne rösten, bis sie schön duften. Damit nichts anbrennt, einfach immer wieder umrühren oder etwas an der Pfanne rütteln. Die gerösteten Gewürze im Mörser zerstoßen. Kurkuma dazugeben.

130 ml Wasser
2 gehäufte EL gemahlene Mandeln
½ Tomate
1 TL Bockshornkleeblätter
1 Prise Salz
¼ – ½ Chilischote

Wasser, Mandeln, Tomate, Bockshornklee, Salz und Chili in einen Mixbecher geben und mit dem Pürierstab fein pürieren.

2 Möhren
1 Zwiebel
2 EL Öl
½ TL Salz
1 TL Zucker

2 EL Cashewkerne, geröstet und gesalzen
Salz
½ Limette

Möhren schälen und schräg in etwa ½ cm dicke Scheiben schneiden. Zwiebel abziehen und in Streifen schneiden. Öl in der Pfanne erhitzen. Zwiebel und Gewürze dazugeben und unter Rühren etwa zwei Minuten anbraten. Möhren, Salz und Zucker beimengen und unter Rühren 3 Minuten weiter braten. Tomaten-Nusspaste dazugeben und alles 3–4 Minuten schmoren lassen, bis die Möhren weich sind, aber noch Biss haben. Eventuell noch etwas Wasser beifügen. Cashewkerne dazugeben und mit Salz und etwas Limettensaft abschmecken.

DEKO-TIPP
Papadams, Petersilie

Dazu passen Reis oder Fladenbrot. Für einen leckeren Farbkontrast zwei Esslöffel schwarze Sesamkörner mit 1 Esslöffel Öl, 1 Prise Salz und 2 Spritzer Limettensaft im Mörser zerstoßen und mit dem Curry servieren.

Möhrencurry

Möhrenpapardelle, karamellisierter Fenchel und Broccolipesto

3 Möhren (insgesamt ca. 350 g)

Möhren schälen und mit einem Sparschäler längs in feine Streifen schneiden.

½ Bio-Zitrone
100 g Broccoli
30 g Pistazien, geschält, geröstet und gesalzen
2 Hände voll junger Blattspinat
1 Prise Salz
50 ml Rapsöl

Schale von der Zitrone abreiben und 2 EL Saft auspressen. Broccoli etwas klein schneiden und mit den restlichen Zutaten im Mixer zu einem schönen Pesto verarbeiten.

80 g Babyfenchel
2 EL Zucker
2 EL Wasser
4 EL Orangensaft
2 TL Margarine
Salz
etwas Zitronensaft
frischer Pfeffer aus der Mühle

Fenchel putzen. Zucker mit Wasser in einer kleinen Pfanne karamellisieren lassen. Fenchel dazugeben und vorsichtig im heißen Karamell wenden, leicht salzen. Orangensaft dazugeben und den Karamell in 3–4 Minuten karamellisieren lassen, Margarine einrühren, Fenchel aus der Pfanne nehmen und warm halten. Karottenstreifen in die Pfanne geben und 1–2 Minuten erwärmen, Pesto dazugeben und gut durchmischen. Zusammen mit dem Fenchel auf zwei Teller verteilen und mit ein paar Spritzern frischem Zitronensaft und frisch gemahlenem Pfeffer servieren.

DEKO-TIPP
Kapern

Wenn man die Überbleibsel der Möhren nach dem Streifenschneiden nicht weggeknabbert hat, kann man sie einfach mit ins Pesto mixen.

Möhrenpapardelle, karamellisierter Fenchel und Broccolipesto

Oliven-Zitronenpasta mit Radicchio

250 g Spaghettini oder Cappelini

Pasta in sprudelndem Salzwasser bissfest garen. Abgießen (etwas Kochwasser auffangen und beiseite stellen), kurz ausdampfen lassen und mit etwas Olivenöl vermengen.

- 1 kleiner Kopf Radicchio
- 2 EL Olivenöl
- 1 EL Zucker
- 1 Prise Salz
- 2 EL Wasser

Radicchio vom Strunk befreien, Blätter grob zupfen oder schneiden. Mit Olivenöl, Zucker, Salz und Wasser 3–4 Minuten in einer großen Pfanne schmoren. Herausnehmen und beiseite stellen.

- je 1 gelbe und 1 orange Mohrrübe
- 1 Bio-Zitrone
- 1 kleines Bund Rucola
- 2 EL Pinienkerne
- 1 Schluck Pastawasser
- 1 Handvoll Kalamata Oliven, ohne Stein
- Salz und schwarzer Pfeffer

Mohrrüben schälen und mit dem Sparschäler längs in feine Streifen schneiden. Zitrone heiß abwaschen und die Schale fein abreiben. Rucola grob hacken. Pinienkerne in einer Pfanne unter ständigem Wenden 2 Minuten goldbraun rösten. Möhrenstreifen und Pastawasser in die Pfanne geben und 1 Minute dünsten. Radicchio, abgeriebene Zitronenschale, Oliven und Pasta dazugeben und gut durchmischen. Mit Salz und viel schwarzem Pfeffer abschmecken. Rucola unterheben und sofort mit Pinienkernen bestreut servieren.

PASTA KOCHEN:

→ VERGESST DIE ZEITANGABEN AUF DER VERPACKUNG. SIE DIENEN NUR ALS UNGEFÄHRE RICHTLINIE. FÜR DIE PERFEKTE PASTA HEISST ES: EINFACH IMMER WIEDER PROBIEREN, BIS SIE DEN PERFEKTEN BISS HABEN, DANN ABGIESSEN, KURZ AUSDAMPFEN LASSEN UND DANN SOFORT MIT EINEM SCHLUCK OLIVENÖL SCHWENKEN.

Oliven-Zitronenpasta
mit Radicchio

Pasta all'amatriciana

1 kleine Aubergine	Aubergine an der dicken Seite kappen und 4 Scheiben von je ca. 2–3 mm abschneiden. Den Rest mit dem Sparschäler schälen und würfeln.
2 EL Öl 1 Prise Salz ¼ TL Rauchsalz ¼ TL Paprikapulver	Auberginenwürfel mit Öl, Salz, Rauchsalz und Paprikapulver vermischen und ein paar Minuten durchziehen lassen.
250 g Spaghettini oder Lieblingspasta 1 mittelgroße Zwiebel 2 Knoblauchzehen 1 Fleischtomate 1 TL Tomatenmark ¼ TL Zucker 3 EL Öl Salz 50 ml Rotwein 200 ml Tomatensaft ¼ – ½ Peperoncini (kleine rote Chilischote) Salz, frischer Pfeffer aus der Mühle	Nudelwasser in einem ausreichend großen Topf aufsetzen. Zwiebel und Knoblauch abziehen. Zwiebel in feine Streifen, Knoblauch in Scheibchen schneiden. Tomate würfeln. Peperoncini fein hacken. Pasta al dente kochen, abgießen und mit etwas Olivenöl vermengen. Öl in einer Pfanne erhitzen, Zwiebel und Knoblauch darin scharf anbraten. Tomatenmark und Zucker dazugeben und 1 Minute anschwitzen. Mit Rotwein ablöschen, Tomatensaft, Tomatenwürfel und Chili dazugeben. Auf kleiner Flamme 4 Minuten köcheln lassen. Mit Salz und Pfeffer lecker abschmecken.
½ TL Rauchsalz 1 EL Reis- oder Kartoffelmehl Neutrales Öl zum Frittieren	Inzwischen Öl etwa 1 cm hoch in einer kleinen, schweren Pfanne erhitzen, bis an einem hineingehaltenen Holzlöffel kleine Blasen aufsteigen. Salz und Mehl in einem kleinen Teller mischen und die Auberginenscheiben darin wenden. Auberginen leicht abklopfen und im heißen Öl 5–6 Minuten knusprig frittieren, dabei zwischendurch ein Mal wenden. Auf Küchenpapier abtropfen lassen.
4–6 Macadamianüsse, geröstet und gesalzen	Macadamias mit einem großen Messer auf dem Brett in feine Scheiben hobeln. Pasta mit der Sauce vermischen und mit frittierter Aubergine und Macadamianusshobel servieren.

DEKO-TIPP
Basilikum

Pasta all'amatriciana

Pfifferlingspätzle

2,5 Tassen Sprudelwasser
1 Tasse Hartweizengrieß
1 Tasse Mehl
2 EL Speisestärke
2 EL Kichererbsenmehl
2 EL Öl
Salz, Muskat

Einen großen Topf mit gut gesalzenem Wasser zum Kochen bringen.
Inzwischen alle Zutaten für die Spätzle in eine hohe Schüssel geben und mit dem Pürierstab gut zu einem dickflüssigen, klebrigen Teig verarbeiten. Alternativ alle Zutaten in die Küchenmaschine geben und 2–3 Minuten laufen lassen, oder mit viel Muskelschmalz und einem Holzlöffel bearbeiten.

Mit der Spätzlepresse portionsweise ins sprudelnde Wasser geben oder ganz klassisch vom Brett in den Topf schaben. Dafür ein geeignetes Brett kurz im Topf anfeuchten und mit einer Palette oder einem großen, breiten Messer etwas von der Masse darauf glatt streichen. Spätzle mit raschen Bewegungen mithilfe der Palette oder des Messerrückens vom Brett ins kochende Wasser schaben.

Eine Schüssel mit kaltem Wasser bereitstellen. Nach 1–2 Minuten sind die Spätzle fertig und steigen an die Wasseroberfläche. Mit einer Schaumkelle herausheben und im kalten Wasser abschrecken, dann kleben sie später nicht zusammen. So fortfahren, bis die ganze Masse verbraucht ist. Abgießen, gut abtropfen lassen und mit ein wenig Öl vermengen.

1 kleine, rote Zwiebel
2 Handvoll Pfifferlinge, geputzt
½ Birne (Williams)
2 EL Olivenöl
½ TL grüner Pfeffer (eingelegt, aus dem Glas)
2 EL Preiselbeermarmelade

Zwiebel in feine Streifen schneiden, große Pilze halbieren oder vierteln. Birne würfeln. Olivenöl in einer beschichteten Pfanne erhitzen. Pilze und Zwiebel darin scharf anbraten, Spätzle dazugeben und leicht Farbe annehmen lassen. Pfeffer und Birne dazugeben und erwärmen.

DEKO-TIPP
Birne
Petersilie

Auf zwei Teller verteilen und mit je einem Klecks Preiselbeermarmelade und nach Geschmack mit frischer Petersilie servieren.

Traditionell wird der Spätzleteig mit der Hand und viel Muskelschmalz geschlagen. Wir machen es uns aber einfach und überlassen den Kraftakt unseren elektrischen Küchenhelfern. Das Ergebnis ist genauso lecker. Mit etwas Übung sind die Spätzle auch ratzfatz vom Brett geschabt.

Für grüne Spätzle einfach ein kleines Bund Petersilie zusammen mit Wasser und Öl pürieren, danach die restlichen Zutaten einarbeiten.

Pfifferlingspätzle

Polentagnocchi

DIE GNOCCHI

400 ml Wasser
2 EL Öl
½ TL Salz
110 g Polenta

Wasser mit Salz und Öl aufkochen, Polenta mit dem Schneebesen gründlich einrühren. Mit einem Holzlöffel 5–6 Minuten weiterrühren und leise köcheln lassen. Vorsicht, kochende Polenta spritzt sehr gerne und erinnert dann an einen unterirdischen Lavasee ...:)

Die fertige Polenta etwa 1,5 cm dick auf einen Teller oder eine Platte streichen und 10 Minuten im Kühlschrank auskühlen lassen.

DIE OLIVENTAPENADE

1 kleine, gelbe Paprika
1 kleine, rote Zwiebel
12 Kalamata Oliven (ohne Stein)
1 TL Kapern
1 kleines Bund Petersilie
1 Knoblauchzehe
2 EL Olivenöl
Salz
frische Chili nach Geschmack

Paprika und Zwiebel in sehr kleine Würfel schneiden. Oliven, Kapern, Petersilie und Knoblauch mittelfein hacken. Alles mit Olivenöl und eventuell fein gehackter Chilischote vermischen. Leicht salzen.

Ein paar Blätter Romanasalat oder Brunnenkresse
6 Kirschtomaten
Olivenöl

Polenta auf ein Brett stürzen und erst längs in etwa 1,5 cm dicke Streifen, dann schräg in Rauten schneiden. Kirschtomaten halbieren. Polenta in heißem Olivenöl unter vorsichtigem Wenden leicht knusprig braten.Salat in Streifen schneiden und mit den Kirschtomaten unterheben. Sofort mit der Oliventapenade servieren.

DEKO-TIPP
Basilikum

Polentagnocchi

Saltimbocca vom Kräuterseitling
mit Apfel und Rote-Bete-Polenta

DAS SALTIMBOCCA

2–3 große Kräuterseitlinge
120 g Räuchertofu
1 kleine Zucchini
10 Blättchen Salbei
60 ml Öl
2 Prisen Salz
frischer Pfeffer aus der Mühle
2 EL Zitronensaft

Pilze längs in Scheiben von etwa 7 mm schneiden, Tofu 1–2 mm dick. Zucchini mit dem Sparschäler längs in feine Streifen schneiden.
Salbei mit Öl, Salz, Pfeffer und Zitronensaft im Schnellzerkleinerer oder im Mörser zu einer Paste verarbeiten. Die Pilzscheiben damit von allen Seiten gut einreiben. Jeweils ein Scheibchen Tofu darauflegen und mit einem Zucchinistreifen umwickeln.

DIE ROTE-BETE-POLENTA

300 ml Rote-Bete-Saft
75 ml Rotwein
60 g Polenta
je eine Zweig Rosmarin und Thymian
1 Knoblauchzehe
¼ TL Salz
1 EL Margarine oder 2 EL Olivenöl

Rote-Bete-Saft und Rotwein mit Salz, Rosmarin, Thymian und der mit der Messerseite leicht angedrückten Knoblauchzehe aufkochen. Polenta einrühren und unter Rühren 5 Minuten köcheln lassen. Kräuter und Knoblauch entfernen. Margarine oder Öl unterheben.

1 kleiner, roter Apfel
2 EL Kartoffelmehl
Öl zum Braten
frischer Pfeffer aus der Mühle

Apfel in Scheiben schneiden und eventuell das Kerngehäuse mit einem kleinen Ausstecher entfernen. Pilz-Saltimboccas leicht mit Kartoffelmehl bestäuben.
Öl in einer Pfanne erhitzen, Pilze und Äpfel darin goldgelb braten. Mit der Polenta auf zwei Tellern anrichten, mit etwas frischem Pfeffer bestreuen und sofort genießen.

DEKO-TIPP
frittierte Rote Bete

Saltimbocca vom Kräuterseitling
mit Apfel und Rote-Bete-Polenta

Steinpilzkartöffelchen
mit gegrilltem Sellerie

5 g getrocknete Steinpilze
10 kleine Kartöffelchen („La Ratte" oder „Drillinge")
2 Scheiben Knollensellerie, ca. 1,5 cm dick, geputzt
2 Lorbeerblätter
1 Zweig Rosmarin
Salz

Steinpilze in kaltem Wasser einweichen.
Kartoffeln waschen und eventuell abbürsten. Kartoffeln, Selleriescheiben, Lorbeer und Rosmarin zusammen in einem Topf mit kräftig gesalzenem Wasser 10 Minuten kochen lassen. Sellerie vorsichtig herausnehmen, Kartoffeln abgießen und ausdampfen lassen.
Während die Kartoffeln kochen, Sauce und Marinade zubereiten.

1 Schalotte
250 ml trockener Rotwein
2 EL Zucker
30 g frische Cranberries oder 2 EL getrocknete
2 Lorbeerblätter
1 EL (ca. 20 g) eiskalte Margarine

DIE CRANBERRYSAUCE
Schalotte fein würfeln und mit den restlichen Zutaten außer der Margarine in einem kleinen Topf in 5–7 Minuten etwa auf die Hälfte einkochen lassen. Vom Herd nehmen, Lorbeerblätter entfernen und die kalte Margarine mit einem Schneebesen kräftig unterrühren, bis die Sauce leicht eindickt und sämig wird. Nicht mehr kochen.

2 Schalotten
5–7 Salbeiblätter
3 EL Öl
Salz, frischer Pfeffer aus der Mühle

DIE MARINADE
Alle Zutaten im Schnellzerkleinerer zu einer Paste verarbeiten und die gekochten Selleriescheiben damit von beiden Seiten einstreichen. Auf dem Grill von jeder Seite 2 Minuten leicht bräunen.

2 Zweige Majoran
Öl zum Braten

Eingeweichte Steinpilze und Majoran fein hacken. (Einweichwasser kann man sehr gut weiterverwenden, z. B. für eine Gemüsebrühe.) Kartoffeln längs halbieren und in heißem Öl leicht knusprig braten. Majoran und Steinpilze dazugeben und 2 Minuten mitbraten, eventuell salzen. Mit gegrilltem Sellerie und Cranberriesauce servieren.

Steinpilzkartöffelchen
mit gegrilltem Sellerie

Tomaten-Couscous

4 Tomaten
1 kleines Bund Basilikum
3 EL Olivenöl
½ TL Salz

100 g Couscous

Den Strunk der Tomaten mit einem kleinem Messer entfernen und auf der gegenüberliegenden Seite einen „Deckel" von etwa 1–2 cm abschneiden. Die Tomaten mit einem kleinen Löffel oder einem Kugelaustecher aushöhlen und das Fruchtfleisch in einen Messbecher geben. Mit Wasser auf 200 ml auffüllen und mit Salz, Öl und Basilikum pürieren. Couscous einrühren und 5 Minuten quellen lassen. Die Tomaten mit dem Couscous füllen und den „Deckel" aufsetzen. Im Ofen bei 180 °C etwa 10–15 Minuten backen. Der Couscous sollte im Inneren der Tomate weich und außen leicht knusprig sein.

1 Zucchini
1 Zweig Rosmarin
2 EL Olivenöl
Salz

Inzwischen Zucchini in Würfel schneiden und leicht gesalzen mit dem Rosmarinzweig in einer Pfanne im Olivenöl 1–2 Minuten braten. Rosmarin entfernen.

2 reife Hass Avocados
1 Limette
5 EL (130 g) Kichererbsen (Dose, abgetropft)
50 ml Wasser
2 EL Olivenöl
Salz, frischer Pfeffer aus der Mühle

Avocados halbieren, den Kern entfernen und das Fruchtfleisch vorsichtig im Ganzen mit einem Löffel aus der Schale lösen. Zwei der Hälften nochmals halbieren und mit etwas Limettensaft beträufelt auf 2 Tellern platzieren. Eventuell ein paar mal einschneiden und etwas auffächern. Die anderen beiden Hälften mit 3 EL Limettensaft, Kichererbsen, Wasser und Öl pürieren und mit Salz und Pfeffer kräftig abschmecken.

Die Tomaten aus dem Ofen nehmen und auf den Avocadovierteln anrichten. Zucchiniwürfel und Kichererbsensauce ebenfalls auf dem Teller verteilen. Sofort servieren.

Tomaten-Couscous

Ratatouille-Gratin

1 rote Paprika
2 Zweige Thymian
1 Zweig Rosmarin
1 TL edelsüßes Paprikapulver
½ Knoblauchzehe
400 ml Wasser
1 Prise Zucker
¼ TL Salz

Paprika putzen und klein schneiden. Kräuter vom Stängel zupfen und mit Paprikapulver und den restlichen Zutaten sehr fein pürieren und durch ein feines Sieb streichen.

4 EL Olivenöl
4 leicht gehäufte EL Mehl
Salz, frischer Pfeffer aus der Mühle
Muskatnuss

Olivenöl und Mehl in einem Topf kurz anschwitzen. Vom Herd nehmen und Paprikasaft mit dem Schneebesen gründlich einrühren. Unter ständigem Rühren einmal aufkochen lassen. Mit Salz, Pfeffer und Muskatnuss kräftig abschmecken.

1–2 kleine Zucchini
½ -1 kleine Aubergine
2 kleine Tomaten
Olivenöl
Salz, Pfeffer
2 EL Pinienkerne

Ofen auf 200 °C vorheizen.
Gemüse in sehr dünne Scheiben schneiden. Auberginenscheiben mit etwas Olivenöl einreiben. Eine Auflaufform mit Olivenöl leicht einfetten und zwei Drittel der Paprikasauce darin verteilen. Gemüsescheiben darauf schichten und restliche Sauce in Klecksen darauf verteilen. Salzen, pfeffern und mit etwas Olivenöl beträufelt etwa 20 Minuten backen, bis die Auberginen weich sind. Pinienkerne 5 Minuten vor Ende der Backzeit auf dem Auflauf verteilen.

DEKO-TIPP
Rucola
Basilikum

Dazu passt frisches Baguette und ein schöner Salat.

Beschleuniger:
Statt Paprikasauce einfach 350 ml Sahne mit 1 Teelöffel Speisestärke und 1 Esslöffel Ajvar verrühren und kräftig abschmecken. Kräuterzweige direkt aufs Gratin legen und nach dem Backen entfernen.

Ratatouille-Gratin

Chilitofu
mit Pak Choi

3 cm Ingwer
1 Knoblauchzehe
1,5 EL scharfe, rote Paprikaflocken
1 Schalotte
1 TL Sesamöl
2 EL helle Sojasauce
2 EL Öl
¼ Noriblatt

Alle Zutaten im Mixer zu einer feinen Paste verarbeiten.

3 Stück Baby Pak Choi
Öl zum Braten
400 g Tofu
Salz
1 EL Sesam
3 EL Wasser

Tofu in nicht zu kleine Würfel oder Streifen schneiden. Pak Choi in grobe Streifen schneiden. Ausreichend Öl in einer Pfanne erhitzen und den gesalzenen Tofu darin von allen Seiten knusprig hellbraun anbraten. Die Gewürzpaste, Pak Choi und Sesam dazugeben und alles gut durchgemischt einige Minuten braten. Wasser dazugeben und in 2 Minuten fertig schmoren.

Chilitofu
mit Pak Choi

Grüner Erbsen-Kebab
mit Spargelcreme

DIE KEBABS

200 g grüne Erbsen (TK)
4 EL Wasser
½ TL Salz

1 TL Fenchelsamen
½ TL Koriandersaat

1 kleine Zwiebel
1 Knoblauchzehe

3 EL Speisestärke
2 kleine Scheiben Toastbrot
3 EL Kartoffelflocken (Püreepulver)

Öl zum Braten
Schaschlikspieße

Erbsen mit Wasser und Salz in einer Pfanne 2 Minuten köcheln lassen. Fenchel- und Koriandersaat in einer trockenen Pfanne rösten und im Mörser zerstoßen. Zwiebel und Knoblauch fein würfeln. Toastbrot in kleine Würfel schneiden und mit Erbsen, Gewürzen, Stärke und Kartoffelflocken mischen. Alles im Mixer oder mit dem Pürierstab ganz kurz etwas zerkleinern. Die Masse sollte aber noch Stücke enthalten. Gut durchkneten. Mit angefeuchteten Händen längliche, kleine Kebabs formen. In ausreichend heißem Öl von allen Seiten braten, etwas abkühlen lassen und dann auf die Spieße stecken.

DIE SPARGELCRÈME

4 Stangen weißer Spargel
4 EL Olivenöl
1 Prise Salz
1 Prise Zucker
4 EL Wasser

Spargel schälen, von den holzigen Enden befreien und klein schneiden. Im Olivenöl kurz farblos anschwitzen, salzen und zuckern. Wasser dazugeben und auf kleiner Flamme weich dünsten. Im Schnellzerkleinereraufsatz des Pürierstabs feincremig pürieren.

Zugegeben, die Spieße sind eigentlich überflüssig, aber es sieht witzig aus und aufgespießt können die Kebabs gut auf dem Grill erwärmt und aus der Hand gegessen werden.

Grüner Erbsen-Kebab
mit Spargelcreme

Spinatknödel

DIE KNÖDEL

200 g Blattspinat, gehackt (TK, aufgetaut) (oder 200 g frischer Spinat)
100 g Tofu
2 EL Hartweizengrieß
2 EL Paniermehl
2 EL Speisestärke
2 EL Röstzwiebeln
2 mittelgroße, gekochte Kartoffeln (vom Vortag)
Salz
frischer Pfeffer aus der Mühle, Muskatnuss

Wasser in einem ausreichend großen Topf zum Kochen bringen, salzen.
Den aufgetauten Spinat gut ausdrücken (frischen Spinat mit 1 EL Wasser in der Pfanne zusammenfallen lassen, abtropfen und grob hacken). Alle Zutaten mit einem gestrichenen TL Salz in eine Schüssel geben, mit einer Gabel grob zerdrücken und dann mit den Händen gut durchkneten.
Aus der Masse 8 Knödel formen und im siedenden Wasser 5–8 Minuten ziehen lassen (nicht sprudelnd kochen lassen!).
Inzwischen die Tomatensauce zubereiten.

DIE KALTE TOMATENSAUCE

1 Fleischtomate
2 Zweige Thymian
8 Stück getrocknete Tomaten (in Öl)
1 Prise Zucker
etwas Salz

Fleischtomate vierteln, dabei vom Strunk befreien. Thymianblättchen von den Zweigen streifen. Beides zusammen mit den getrockneten Tomaten fein pürieren und mit Zucker und Salz lecker abschmecken.

AUSSERDEM

1 kleine Zucchini
Olivenöl
2 EL gehobelte Haselnüsse

Zucchini in Scheiben schneiden, fertige Knödel mit einer Schaumkelle herausnehmen und kurz ausdampfen lassen. Öl in einer Pfanne erhitzen und Knödel darin anbraten. Zucchini und Haselnusshobel dazugeben und alles zusammen leicht bräunen.

Mit der kalten Tomatensauce servieren.

DEKO-TIPP

Junge Spinatblätter
Spinatpesto (2 EL geröstete Kürbiskerne, 1 Handvoll junger Spinat, 3 EL Kürbiskernöl und etwas Salz im Mörser zerstoßen oder im Schnellzerlkleinerer zu einem schönen Pesto mixen)

Spinatknödel

SNACKS & KLEINE SATTMACHER

Tomaten-Tarte Tatin

2 Blätter Filoteig (oder Strudelteig) ca. 50 x 50 cm
50 ml flüssige Margarine

Filoteigblätter aufeinander legen und vierteln. Je ein Viertel mit flüssiger Margarine bestreichen und ein weiteres Viertel darauflegen. Auf diese Art alle Blätter übereinanderlegen. Auf die Größe einer Pfanne mit ca. 24 cm Durchmesser zurechtschneiden.

2 Ochsenherz-Tomaten

2 leicht gehäufte EL Zucker
1 EL Wasser

1 EL Pinienkerne
1 Zweig Thymian
Salz

Tomaten in etwa 1 cm dicke Scheiben schneiden. Zucker mit Wasser in der Pfanne auf kleiner Flamme karamellisieren lassen. Tomatenscheiben, gezupften Thymian und Pinienkerne auf dem Karamell verteilen. (Vorsicht, heiß! Am besten eine Gabel benutzen.) Die Tomaten in der Pfanne leicht salzen und den zugeschnittenen Teig obendrauf legen und leicht andrücken.

12 Blätter Basilikum

Bei 200° Grad 10–15 Minuten goldbraun backen. Vorsichtig mithilfe eines großen Tellers stürzen. Basilikumblätter etwas klein zupfen und kurz vorm Servieren über die Tarte streuen.

Dazu passt ein schöner Rucolasalat mit dunklem Balsamico und ein gutes Glas Rotwein.

Tomaten-Tarte Tatin

Weißer Bohnen-Hummus

1 kleine Dose weiße Riesenbohnen
1 gehäufter EL Tahin (geröstete Sesampaste)
2 EL Zitronensaft
½ TL Salz
4 EL Olivenöl
¼ grüne Chilischote
4 EL Wasser

Bohnen abgießen, zu den restlichen Zutaten geben und mit dem Pürierstab zu einer feinen Crème verarbeiten.

1 halbe Gurke
1 rote Paprika
4 Kirschtomaten
2 dicke Scheiben Graubrot
2 Mairübchen
1 kleine Zucchini
2 Zweige Thymian
Olivenöl
Salz, Zucker, frischer Pfeffer aus der Mühle

Gurke und Paprika in Stifte bzw. Streifen schneiden. Kirschtomaten halbieren. Brot in dicke Streifen schneiden. Mairübchen schälen und jeweils in 8 Spalten teilen.
Etwas Olivenöl in einer Pfanne erhitzen und die Brotsticks darin knusprig rösten. Herausnehmen und beiseite stellen. Pfanne kurz auswischen (Küchentuch) und Rübchen mit einem Thymianzweig in etwa 2 EL Olivenöl mit je einer Prise Salz und Zucker kurz anbraten, 2 EL Wasser dazugeben und 1 Minute weich dünsten. Herausnehmen. Pfanne trocknen und die in Scheiben geschnittene Zucchini mit dem zweiten Thymianzweig in 2 EL Öl kurz und scharf anbraten, leicht salzen.

Hummus in einem tiefen Teller anrichten, Gemüse und Brotsticks darauf drapieren. Evtl. noch mit etwas Olivenöl beträufeln und ein paar Zitronenspalten dazureichen.

Weißer Bohnen-Hummus

Süßkartoffel-Bruschetta

1 Süßkartoffel (ca. 200 g)
Olivenöl
Salz
1 TL Zucker
2 EL Pinienkerne
½ Zucchini
2 EL heller Balsamico Essig
frischer Pfeffer aus der Mühle

Süßkartoffel schälen und in kleine Würfel schneiden, Zucchini und Tomate ebenfalls fein würfeln. Süßkartoffel in 2 Esslöffel heißem Öl unter Rühren 3–5 Minuten braten, bis sie weich sind, leicht salzen. Zucker und Pinienkerne dazugeben und leicht karamellisieren lassen. Zucchiniwürfel 1 Minute mitbraten. Alles mit Balsamico ablöschen und vom Herd nehmen. Tomatenwürfel und kleingezupftes Basilikum dazugeben und mit Salz, Pfeffer, Essig und Öl kräftig abschmecken.

1 Tomate
12 Blatt Basilikum

Pfanne auswischen.

6–8 Scheiben Ciabatta
6 EL Öl

Öl in die kalte Pfanne geben und die Brote darin wenden. Auf kleiner Flamme von beiden Seiten hellbraun knusprig braten und die Süßkartoffelmischung darauf verteilen. Sofort servieren.

Süßkartoffel-Bruschetta

Sesam-French Toast
mit Avocado

DER TOAST

4 Scheiben Toastbrot

100 ml ungesüßte Soja- oder Mandelmilch
50 ml Sprudelwasser
3 EL Buchweizenmehl
1 gehäufter EL Sesam
¼ TL Salz
1 Msp. Kurkuma

Toastbrot rund ausstechen oder ohne Rinde in Dreiecke schneiden. Restliche Zutaten mit dem Pürierstab oder einem Schneebesen sehr gut verrühren. In einen tiefen Teller geben und die Brotstücke mindestens 5 Minuten darin einweichen, sie sollten gut mit der Masse bedeckt sein.

Margarine oder Öl zum Braten

Fett in einer Pfanne erhitzen und die Brotstücke darin von beiden Seiten auf kleiner Flamme insgesamt ca. 4–5 Minuten knusprig goldbraun braten. Auf Küchenkrepp abtropfen lassen.

DIE AVOCADO

1 Tomate
1 reife Hass Avocado
1 EL Olivenöl
1 Spritzer Zitronensaft
Salz, Pfeffer

Tomate und Avocado in kleine Würfel schneiden, mit Olivenöl, Salz, Pfeffer und Zitrone würzen.

DAS SÖSSCHEN

1 Schalotte
1 Tomate
1 Prise Salz
1 Prise Zucker oder 1 Spritzer Agavensirup
¼ TL Sambal Oelek
5 Blatt Basilikum + 10 Blatt zum Anrichten
2 EL Olivenöl

Alle Zutaten mit dem Pürierstab zu einer sämigen Sauce pürieren und lecker abschmecken. Sofort mit French Toast und Avocado servieren.

Avocado, ganz einfach und schnell gewürfelt: Avocado längs halbieren, den Kern entfernen und das Fruchtfleisch kreuzförmig einschneiden ohne die Schale zu verletzen. Jetzt das gewürfelte Fleisch einfach mit einem großen Löffel aus der Schale heben.

Sesam-French Toast
mit Avocado

Spitzkohl aus dem Ofen

DER SPITZKOHL

1 mittelgroßer Spitzkohl (ca. 400 g)
Salz
50 g Mango oder Aprikosen
80 ml Weißwein
2 Schalotten
4 EL Olivenöl
3 EL Mandelblättchen
2 EL Panko- oder Semmelbrösel
½ TL grüner Pfeffer aus dem Glas

Spitzkohl in 3–4 cm dicke Scheiben schneiden und nebeneinander in eine Auflaufform legen. Leicht salzen. Früchte würfeln und mit in die Form geben. Weißwein darüber gießen. Schalotten fein würfeln. Schalottenwürfel, Olivenöl, Mandeln, Brösel und Pfeffer vermischen und über den Spitzkohl in die Form geben.

Bei 180 °C Grad etwa 15 Minuten überbacken.

DAS SCHNITTLAUCHÖL

½ Bio-Zitrone
2 EL Traubenkernöl
1 EL Agavensirup
2 EL Schnittlauchröllchen

Zitrone heiß abwaschen. Schale abreiben und Saft auspressen. Mit Traubenkernöl, Agavensirup und Schnittlauch verrühren und über den heißen Spitzkohl geben.

Beschleuniger:
Statt Schnittlauchöl einfach 2 Esslöffel Preiselbeermarmelade zum Spitzkohl reichen. Das schmeckt auch super!

Spitzkohl aus dem Ofen

Lauchringe in Asia-Mis de Pain

DIE TOMATEN-KOKOS-SALSA

1 kleine Tomate
die Spitze einer roten Chilischote oder mehr
1 EL Kokosflocken
1 EL Orangensaft
1/8 TL Salz
10 Blatt Koriander
50 g reife Mango
ein Spritzer frischer Limettensaft

Tomate vierteln, dabei den Strunk entfernen. Mit Chili, Kokos, Saft, Salz und Koriander grob pürieren. Mango fein würfeln und unterheben. Mit Salz und Limettensaft abschmecken.

DIE LAUCHRINGE

20 cm Lauch (den weißen und hellgrünen Teil)

50 ml kaltes Wasser
½ TL Salz
3 EL Reismehl + 1 EL zum Bestäuben
1 TL Currypulver

40 g gemischte Asiatische Reiscracker

Öl zum Frittieren

Öl in einem ausreichend großen Topf erhitzen.
Reiscracker in der Küchenmaschine zerkleinern. Alternativ in einen Frischhaltebeutel geben, ein Tuch darauf legen und z. B. mit einer Pfanne draufhauen.
Lauch in etwa 1 cm dicke Scheiben schneiden und daraus vorsichtig je 2–3 Ringe lösen. Mit 1 Esslöffel Reismehl bestäuben. Wasser gründlich mit dem restlichen Reismehl, Salz und Currypulver zu einem flüssigen Teig verrühren. Lauchringe erst durch den Teig ziehen, dann in Crackerbröseln wenden. Im heißen Öl knusprig ausbacken. Auf Küchenpapier abtropfen lassen und heiß mit der Salsa servieren.

→ **FRITTIERFETT NIEMALS UNBEAUFSICHTIGT LASSEN! IMMER EINEN AUSREICHEND GROSSEN TOPF VERWENDEN, DAMIT EVENTUELL HOCHSCHÄUMENDES FETT NICHT ÜBERLÄUFT. DAS ÖL HAT DIE RICHTIGE TEMPERATUR, WENN AN EINEM HINEINGEHALTENEN HOLZLÖFFEL KLEINE BLÄSCHEN AUFSTEIGEN. WENN DAS ÖL ZU RAUCHEN ANFÄNGT, IST ES ZU STARK ERHITZT WORDEN UND SOLLTE NICHT MEHR VERWENDET WERDEN, DA SICH DURCH ZU GROSSE HITZEEINWIRKUNG GIFTIGE STOFFE AUS DEN FETTSÄUREN BILDEN.**

Lauchringe in Asia-Mis de Pain

Nachosalat mit Kürbis

ca. 100 g Kürbis (die Lieblingssorte)
1 kleine Zucchini
2 EL Öl
½ TL Zucker
Salz

Kürbis je nach Sorte schälen und in kleine Würfel schneiden, Zucchini ebenfalls würfeln. Kürbis salzen, zuckern und im heißen Öl unter Rühren braten, bis er weich ist. Zucchiniwürfel dazugeben und eine Minute mitbraten.

1 Bio-Limette
2 EL Rohrzucker
3 EL passierte Tomaten
1 Prise Cumin
1 EL Jalapeno-Sud (Glas)
3 EL Olivenöl

Schale von der Limette abreiben und den Saft auspressen. Alle Zutaten für die Marinade in einer großen Schüssel verrühren, bis sich der Zucker aufgelöst hat.

1 Tomate
¼ Gurke
1 Avocado
1 kleines Bund Petersilie
6–8 Jalapenos (Scheiben, Glas)
4 EL Kidneybohnen (Dose, abgetropft)
2 Handvoll Nachochips

Tomate, Gurke und Avocado würfeln, Petersilie grob schneiden. Jalapenos grob hacken. Alles zusammen mit Kidneybohnen und den gebratenen Kürbis- und Zucchiniwürfeln zum Dressing in die Schüssel geben. Nachochips unterheben und sofort servieren.

Nachosalat mit Kürbis

Nudelsalat

125 g Riesen-Muschelnudeln
Salz
1 EL Olivenöl

Pasta in ausreichend kochendem Salzwasser 1 Minute länger als al dente kochen. Abgießen, kurz ausdampfen lassen und mit etwas Olivenöl vermischen.

1 kleine Handvoll Kalamata Oliven, entsteint
1 kleine Handvoll Walnüsse
2 kleine Tomaten
1 kleines Bund Basilikum
1 kleine Knoblauchzehe
½ kleine Zucchini
3 EL Olivenöl
2 EL Weißweinessig
Salz, Pfeffer

Während die Nudeln kochen, Oliven und Walnüsse grob hacken. Tomaten vierteln, dabei den Strunk entfernen. Das Kerngehäuse wegschneiden und beiseite legen. Basilikum in Streifen schneiden. Knoblauchzehe mit der Messerseite zerdrücken und fein hacken. Zucchini und Tomaten in kleine Würfel schneiden. Alles mit Olivenöl und Essig mischen und mit Salz und Pfeffer kräftig abschmecken.

2 EL heißes Wasser
1 Tütchen Safranfäden
150 g ungesüßter Sojajoghurt
Salz
frischer Pfeffer aus der Mühle
1 EL kaltgepresstes Rapsöl
1 EL Orangensaft

Safran in einer kleinen Schüssel mit dem heißen Wasser verrühren, restliche Zutaten dazugeben, gut verrühren und lecker abschmecken.

1 rote Paprika
2 EL Olivenöl
1 EL Agavensirup
Salz

Paprika putzen und im Mixer mit Öl, Agavensirup und dem Inneren der Tomaten sehr fein pürieren und leicht salzen.

Oliven-Walnussfüllung in den Muschelnudeln verteilen und mit den beiden Saucen anrichten.

Nudelsalat

Nudelsalat

Gewürzaubergine im Reisblatt

3 rote Pflaumen
3 EL Weinessig
10 EL Wasser
3 cm Ingwer, gerieben
1 Prise Salz
3 EL brauner Zucker
1 Stange Zimt
2 Anissterne
1 Lorbeerblatt

Pflaumen entsteinen und klein schneiden. Mit den restlichen Zutaten in einem kleinen Topf bei geringer Hitze 6–7 Minuten köcheln lassen. Gewürze entfernen und die Sauce grobstückig pürieren.

1 kleine Aubergine

Aubergine in 6–8 Scheiben von ca. 0,8 cm schneiden. Scheiben übereinander legen und mit einem großen Messer die Ränder so begradigen, dass quadratische Scheiben entstehen. Quadrate leicht salzen und beiseite legen. Randstücke und restliche Aubergine fein würfeln.

1 kleine, rote Zwiebel
1 kleine Tomate
1 gestrichener TL 5 Gewürz-Pulver
1 Msp. Kreuzkümmel
1 Msp. Paprikapulver
1 TL Knoblauchöl

Zwiebel fein würfeln, Tomate ohne Kerne ebenfalls würfeln. (Wer mag, kann das Tomaten-Innere mit in die Pflaumensauce pürieren). Zwiebel, Tomate, Knoblauchöl und Gewürze mit den Auberginenwürfeln mischen.

6–8 kleine, runde Reisblätter
6–8 schöne Korianderblätter

Kaltes Wasser in einer großen, flachen Schüssel bereitstellen. Reisblätter eine Sekunde ins Wasser tauchen und auf der Arbeitsfläche (mit Backpapier ausgelegt) ausbreiten. Je ein Blatt Koriander in die Mitte des Reisblattes legen, eine Auberginenscheibe und etwas Füllung darauf geben. Mit einer zweiten Auberginenscheibe bedecken, etwas andrücken und alles in das Reisblatt einschlagen.

etwas neutrales Öl zum Braten

Öl in einer beschichteten Pfanne erhitzen und die Auberginenpäckchen darin mit der offenen Seite nach unten auf kleiner Flamme 3–4 Minuten braten. Vorsichtig wenden und weitere 3–4 Minuten braten.
Mit der Pflaumensauce servieren.

Gewürzaubergine im Reisblatt

Pilzkebab

DIE PILZE

8 nicht zu kleine, schöne Champignons
1 kleine Zwiebel
½ Knoblauchzehe
je 1 Zweig Thymian und Oregano (alternativ je ¼ TL getrocknete Kräuter)
½ TL Paprikapulver
2 TL Tomatenmark
¼ – ½ TL Sambal Oelek oder Cayennepfeffer
½ TL Salz
4 EL Öl

Champignons putzen und in Scheiben schneiden, Zwiebel und Knoblauchzehe abziehen, Zwiebel in feine Streifen schneiden, Knoblauch fein hacken oder reiben. Mit Kräutern, Gewürzen, Tomatenmark, Salz und Öl vermischen und 5 Minuten ziehen lassen.
Währenddessen den Hummus zubereiten.

DER DILL-HUMMUS

1 kleine Dose Kichererbsen
½ TL Salz
1 kleines Bund Dill
2 EL Walnussöl
1 EL Walnussessig
3–6 EL Wasser

½ türkisches Fladenbrot

Je nach Geschmack:
Gurke, Tomate, Salat, Radieschen …

Kichererbsen in einem Sieb abtropfen lassen. Zusammen mit den restlichen Zutaten und Wasser bis zur gewünschten Konsistenz pürieren.

Pilzmischung in einer beschichteten Pfanne unter ständigem Rühren 2–3 Minuten braten, sie sollten nicht komplett zusammenfallen.
Fladenbrot in zwei Viertel teilen und horizontal einschneiden. Mit Pilzen, dem Hummus, Salat und Gemüse nach Belieben belegen.

Noch leckerer schmeckt's mit geröstetem Brot. Das geht ganz einfach im Kontaktgrill oder in einer leicht geölten Pfanne. Einfach das Brot in die Pfanne legen und mit einer zweiten schweren Pfanne beschweren. Von jeder Seite 3–5 Minuten auf kleiner Flamme knusprig rösten. Aufpassen, dass nix anbrennt, sonst gibt's Schwarzbrot. :)

Pilzkebab

Gerösteter Blumenkohl mit Kapernvinaigrette

ca. 500 g Blumenkohl
2 EL Margarine
Salz
4 EL Panko- oder Semmelbrösel

Blumenkohl in Röschen teilen. Backofen auf 220 °C vorheizen. Margarine in einer Pfanne zerlassen, Blumenkohl salzen und 2–3 Minuten farblos anbraten. Pankobrösel unterheben und im heißen Backofen etwa 8–10 Minuten rösten. Der Blumenkohl sollte noch etwas Biss haben.

2 Schalotten
1 Zweig Majoran
1 EL Kapern
1 kleines Bund Rucola
4 EL Öl
2 EL Agavensirup
3 EL heller Balsamicoessig
Salz und frischer Pfeffer aus der Mühle

Schalotten in feine Würfel schneiden, Majoran zupfen und fein hacken. Kapern grob hacken. Rucola in feine Streifen schneiden. Schalottenwürfel, Majoran und Kapern im heißen Öl kurz anschwitzen, vom Herd nehmen. Agavensirup, Balsamicoessig und Rucola dazugeben, gut durchmischen und zum gerösteten Blumenkohl reichen.

Schöne Röschen: Blumenkohl grob zerteilen, dann größere Stücke von der Stielseite her mit dem Messer einschneiden und in kleine Röschen brechen. Lecker auch mit Spargel oder Kohlrabi. Für eine glutenfreie Variante gehobelte Haselnüsse statt Brösel verwenden.

Gerösteter Blumenkohl
mit Kapernvinaigrette

Tomaten-Kürbisgazpacho

ca. 200 g Hokkaido Kürbis ohne Kerne
2 Strauchtomaten
2 Schalotten
½ Bio-Limette
½ TL Salz
300 ml Wasser
2 Zweige Koriander plus ein paar Blättchen zum Dekorieren
2 Scheibchen von einer Knoblauchzehe
4 EL Olivenöl
1 EL Agavensirup
frischer Pfeffer aus der Mühle

Kürbisfleisch grob raspeln. Strauchtomaten vierteln, dabei den Strunk entfernen. Schalotten abziehen und grob klein schneiden. Limettenschale abreiben und den Saft aus der Frucht pressen.

Alle Zutaten im Mixer oder mit dem Pürierstab einige Minuten zu einer sämigen Suppe verarbeiten. Mit Korianderblättchen garnieren und eiskalt servieren.

Tomaten-Kürbisgazpacho

Tandoori-Blumenkohl

100 g Macadamianüsse (geröstet und gesalzen)
50 ml Wasser
1 EL Öl
1 Prise Salz
1 EL Zitronensaft

Blumenkohl in kleine Röschen teilen. Macadamianüsse mit Wasser, Salz, Öl und Zitronensaft im Schnellzerkleinerer feincremig pürieren.

1 kleine rote Zwiebel
1 Knoblauchzehe
1 EL Tandoori Masala Pulver
2 EL Agavensirup
3 EL Öl

Zwiebel etwas klein schneiden, mit Knoblauch, Tandoori Pulver, Agavensirup und Öl zu einer feinen Paste mixen.

½ Blumenkohl
2 EL Öl

Blumenkohl im heißen Öl 2 Minuten anbraten, Würzpaste dazugeben und weitere 3–4 Minuten pfannenrühren, bis der Blumenkohl gar aber noch schön knackig ist. Mit der Macadamiacrème servieren.

Tandoori-Blumenkohl

Tomatencarpaccio
mit Auberginenröllchen

1 kleine Aubergine
Salz
Olivenöl

Aubergine längs in 1 cm dicke Scheiben schneiden. Mit Olivenöl einreiben, salzen und in der Grillpfanne von jeder Seite 2–3 Minuten garen. Etwas abkühlen lassen.

1 kleine Tomate
3 Zweige Petersilie
150 g Walnüsse
1 Spritzer Zitronensaft
2 EL Olivenöl
Salz

Tomate vierteln, dabei den Strunk entfernen. Petersilie von den groben Stielen zupfen. Mit den restlichen Zutaten im Mixer oder Schnellzerkleinerer grob zerkleinern.
Füllung auf den Auberginenscheiben verteilen und zusammenrollen.

2 Ochsenherz- oder andere schöne Strauchtomaten (ca. 300 g)

2 EL dunkler Balsamico Essig
2 EL Agavensirup
1 TL Senf
2 EL Walnussöl
½ TL Salz

Essig, Sirup, Senf, Öl und Salz mit dem Schneebesen gut verrühren. Tomaten entstrunken und in möglichst dünne Scheiben schneiden. Auf zwei Teller verteilen und mit der Marinade beträufeln. Die Röllchen darauf anrichten und sofort servieren.

DEKO-TIPP
Rucola

Tomatencarpaccio
mit Auberginenröllchen

Bauern-Paté

100 g geräucherter Tofu
2 Schalotten
2 EL Öl

Tofu und Schalotten fein würfeln und im heißen Öl einige Minuten knusprig braun braten.

5 cm Gurke
½ Dose Kidneybohnen (abgetropft)
¼ TL Salz
½ TL (geräuchertes) Paprikapulver
1 EL dunkler Balsamicoessig
2 EL Bier
2 EL Olivenöl

Gurke in feine Würfel schneiden.
Bohnen mit Salz, Gewürzen, Essig, Bier und Öl fein pürieren.
Gurken-, Tofu- und Schalottenwürfel unterheben und mit frischem Grau- oder Vollkornbrot oder auch mit Pellkartoffeln servieren.

½ TL grüner Pfeffer (Glas)

Lecker auch mit gegrillten Paprikawürfelchen, Oliven und geröstetem Knoblauch.
Oder mit Essiggurken und frischem Schnittlauch.

Geräuchertes Paprikapulver, auch Pimentón de la Vera: Die getrockneten Paprikaschoten werden über Eichenholz geräuchert und dann fein vermahlen. Gibt Speisen ein feines Raucharoma, ähnlich wie Rauchsalz, das ein sehr viel intensiveres Raucharoma hat. Beides vorsichtig dosieren.

Bauern-Paté

Kartoffel-Bierbrötchen

für 20 kleine Brötchen

2 gekochte Kartoffeln (vom Vortag)
1 kleine Möhre
200 ml Bier
2 EL Kartoffelmehl
350 g Mehl
1,5 Päckchen Weinstein-Backpulver
½ TL Salz
2 EL Leinsamen
4 EL Öl

etwas Mehl zum Ausrollen

Kartoffeln durchpressen. Möhre grob raspeln. Mehl, Backpulver und Salz in einer Schüssel gut vermischen. Mit den restliche Zutaten zu einem recht weichen Teig kneten. Auf bemehlter Arbeitsfläche zu einer Rolle formen und mit einem Messer in etwa 20 gleich große Stücke teilen. Die Stücke mit etwas Abstand auf einem mit Backpapier ausgelegten Blech verteilen und bei 200 °C im Ofen etwa 15 Minuten backen.

Kartoffel-Bierbrötchen

Kartoffeltortilla

300 g Seidentofu
150 ml Sahne
3 geh. EL Stärke
2 EL Reismehl
¼ TL Kurkuma
1 TL Salz
¼ TL Backpulver
1 EL Würz-Hefeflocken

Alle Zutaten im Mixer sehr fein pürieren.

ca. 200 g Kartoffeln
½ Bund Frühlingslauch
8 Kirschtomaten

5 EL Öl zum Braten

DEKO-TIPP
Basilikum

Ofen auf 200 °C vorheizen.
Kartoffeln schälen und in dünne Scheiben schneiden. Frühlingslauch in Ringe schneiden und unter die Tofumischung heben, Tomaten halbieren. Öl in einer Pfanne erhitzen und die Kartoffelscheiben darin einige Minuten leicht knusprig und halbgar braten. Tofumischung gleichmäßig darauf verteilen und mit Kirschtomaten belegen. Bei geringer Hitze und aufgelegtem Deckel 2–3 Minuten anziehen lassen. Mitsamt dem Deckel in den Ofen schieben und diesen nach 10–12 Minuten abnehemen. In weiteren 5 Minuten fertigbacken. Mithilfe eines großen Tellers stürzen, in Tortenstücke schneiden und eventuell mit einem schönen bunten Salat servieren.

Je nach Ofen variieren diese Zeitangaben. Also immer ein Äuglein darauf haben und lieber alles noch mal in den Ofen schieben, sollte die Tortilla noch nicht ganz durchgebacken sein. Sie schmeckt warm und kalt, ist also auch ein schöner Begleiter fürs nächste Picknick.

Kartoffeltortilla

Asiatische Winterrolle

6 Stück

ca. 200 g frischer Rotkohl
¼ TL Salz
1 EL Erdnussöl

Rotkohl in sehr feine Streifen schneiden oder hobeln. Mit Salz und Erdnussöl in eine Schüssel geben und mit den Händen gut durchkneten, bis er weich und geschmeidiger ist.

8 Maronen (gekocht, vakuumiert)
½ Apfel
50 g geräucherter Tofu
ca. 3 cm Ingwer
4 Zweige Koriander
2 Zweige Thai-Basilikum oder Minze
1 Msp. Koriander
1 Msp. Zimt
1 Msp. Kardamom
Salz und frischer Pfeffer aus der Mühle

6 runde Reisblätter

Maronen grob hacken, Apfel grob raspeln, Tofu fein würfeln, Ingwer fein reiben. Kräuter zupfen und grob schneiden. Alles mit den Gewürzen zum Rotkohl geben und gut durchmischen.

Eine ausreichend große Schüssel mit etwas kaltem Wasser bereitstellen. Arbeitsfläche mit etwas Backpapier auslegen (das verhindert, dass die Reisblätter auf der Arbeitsplatte festkleben und beim Wickeln einreißen – außerdem bleibt die Arbeitsfläche sauber!). Die Reisblätter nacheinander für eine Sekunde ins Wasser tauchen und sofort auf die Arbeitsfläche legen. Nach etwa 1 Minute sind sie weich und formbar. Die Füllung im unteren Drittel auf den Blättern verteilen und etwas festdrücken. Zuerst die Seiten über die Füllung schlagen, dann alles mit leichtem Druck zur Mitte hin schön fest einrollen.

3 EL Erdnussbutter
1 EL Tamarindenpaste
2 EL Palmzucker (oder braunen Rohrzucker)
1 Prise Salz
¼ TL Sambal Oelek oder Chilisauce
1 EL helle Sojasauce
80 ml Orangensaft

Alle Zutaten mit dem Orangensaft glattrühren und zu den Röllchen servieren.

Asiatische Winterrolle

Gegrillte Süßkartoffel mit Kaffee und Limettensalsa

ca. 400 g Süßkartoffeln
Salz

Süßkartoffeln schälen und in etwa 1,5 cm dicke Scheiben schneiden. In kochendem Salzwasser 5–8 Minuten nicht zu weich garen. Aus dem Wasser heben und etwas ausdampfen lassen.

2 walnussgroße Stückchen Ingwer
3 Schalotten
1 TL grob zerstoßener Kaffee (aus frischen Bohnen, im Mörser zerkleinert)
3 EL neutrales Öl

DIE KAFFEEMARINADE

Ingwer und Schalotten schälen und fein reiben, mit Kaffee und Öl mischen und die Süßkartoffelscheiben damit von beiden Seiten einstreichen.

In der heißen Grillpfanne von jeder Seite 1–2 Minuten grillen. Oder im Ofen 10 Minuten rösten.

2 Limetten
3 Schalotten
½ Chilischote
5 TL brauner Zucker
½ kleiner Apfel, geschält

DIE LIMETTENSALSA

Die Schale mitsamt dem weißen Teil mit einem scharfen Messer von den Limetten schneiden. Schalotten schälen. Die Limetten im Ganzen mit den restlichen Zutaten im Mixer grob zerkleinern.

DEKO-TIPP

Babymangold

Gegrillte Süßkartoffel
mit Kaffee und Limettensalsa

Kartoffelpizza
aus der Pfanne

5 kleine, rotschalige Kartoffeln
5 violette Kartoffeln

1 Zweig Rosmarin

Kartoffeln schälen und in 2–3 mm dicke Scheiben schneiden. Rosmarin in einem Topf mit gut gesalzenem Wasser aufkochen und die Kartoffelscheiben darin 3–5 Minuten halbgar kochen. Abgießen und etwas auskühlen lassen.

80 g Cashewkerne
50 ml Wasser
1 EL Würz-Hefeflocken
2 EL Olivenöl
1 Prise Salz
(½ TL helle Misopaste)

Cashewkerne im Wasser etwa 10 Minuten einweichen lassen, dann mit Hefeflocken, Olivenöl, Salz und eventuell Misopaste im Schnellzerkleinerer feincremig pürieren.

1 Packung fertiger Pizzateig
Olivenöl

Eine schwere Pfanne von etwa 25 cm Durchmesser gut mit Olivenöl ausreiben. Pizzateig auseinanderrollen und auf die Größe der Pfanne zurechtschneiden. In die Pfanne legen und mit der Cashewcrème bestreichen. Die Kartoffeln fächerartig darauf verteilen und mit etwas Olivenöl beträufeln. Deckel auf die Pfanne setzen und die Pfannenpizza auf kleiner Flamme etwa 5 Minuten backen. Deckel abnehmen und im Ofen bei 220°C etwa 10 Minuten fertig backen.

Alternativ zum Fertigteig: Schneller Pizzateig ohne Hefe

150 g Mehl
50 g Maismehl
125 ml Sprudelwasser
2 El Öl
1 gestrichener EL Backpulver
¼ TL Salz

Alle Zutaten verkneten und 10 Minuten ruhen lassen. Dünn ausrollen und nach Lust und Laune belegen. Bei 200 Grad backen.

Kartoffelpizza
aus der Pfanne

Kokosnuss-Linsencookies
mit Sternfruchtsalsa

DIE COOKIES

100 g rote Linsen
250 ml Wasser
1 kleine Scheibe Toastbrot
2 EL Kokosnussraspel
2 EL Speisestärke
½ Bund Koriander
½ TL Salz
½ kleine Zucchini
1 EL Sesampaste

Öl zum Braten

Linsen waschen und im Wasser in etwa 10 Minuten weich kochen. Das Wasser sollte komplett verkocht sein. Die Linsen mit dem Pürierstab grob zerkleinern. Die Masse soll noch stückig sein. Toast klein würfeln, Koriander fein schneiden. Zucchini in sehr kleine Würfel schneiden. Alles mit den restlichen Zutaten gut vermischen. Aus der Masse mit angefeuchteten Händen vier Plätzchen formen und in reichlich heißem Öl von beiden Seiten bei mittlerer Hitze knusprig braun braten.

DIE SALSA

1 Sternfrucht
1 kleine Tomate
1 kleine, rote Zwiebel
1 kleine Knoblauchzehe
¼–½ Chilischote
ca. 3 cm Ingwer
1 Limette
1 TL brauner Zucker
1 Prise Salz

Sternfrucht, Tomate und Zwiebel in kleine Würfel schneiden, die Kerne der Sternfrucht dabei entfernen. Knoblauch, Chili und Ingwer fein hacken. Limette heiß abwaschen, Schale fein abreiben und 3 EL Saft auspressen. Alles in einer Schüssel mit Zucker und Salz gut vermischen und kurz durchziehen lassen.

Kokosnuss-Linsencookies
mit Sternfruchtsalsa

Pastinaken-Kichererbsentarte

2 Zweige Thymian
1 kleine Tomate
200 g Kichererbsen (Dose)
2 EL Zitronensaft
4 EL Olivenöl
½ TL Salz
2 EL Wasser
1 EL Speisestärke
1 Msp. Kreuzkümmel oder geräuchertes Paprikapulver
frischer Pfeffer aus der Mühle

Thymianblätter vom Zweig zupfen, Tomate vierteln, dabei den Strunk entfernen. Mit den restlichen Zutaten cremig pürieren und kräftig abschmecken.

2 Pastinaken oder Petersilienwurzeln
Olivenöl
¼ TL Salz
1 EL Puderzucker
70 ml Wasser
2 EL heller Balsamico Essig

Pastinaken schälen und längs in Spalten schneiden. In etwas Olivenöl 2 Minuten andünsten, salzen. Mit Puderzucker leicht karamellisieren lassen und mit Wasser und Essig ablöschen. Auf kleiner Flamme unter Rühren weiter dünsten, bis das Wasser verdampft ist und die Pastinaken fast weich sind.

1 Platte Blätterteig (ca. 25 x 25 cm)

Ein Backblech oder eine große Pfanne mit Backpapier auslegen, Blätterteig hineinlegen und an den Rändern leicht festdrücken. Mit der Kichererbsencrème bestreichen und mit den Pastinakenstreifen belegen. Mit Olivenöl beträufeln und im vorgeheizten Backofen bei 220°C 12–15 Minuten goldbraun backen.

Dazu passt ein schöner Feldsalat mit Senfdressing.

Pastinaken-Kichererbsentarte

Rote-Bete-Wrap

100 g Sonnenblumenkerne
¼ TL Salz
2 EL Weißweinessig oder Zitronensaft
1-2 EL geriebener Meerrettich (Glas)
3 EL Öl

Sonnenblumenkerne etwa 10 Minuten in warmem Wasser einweichen. Dann mit den restlichen Zutaten und 4–5 EL des Einweichwassers im Schnellzerkleinerer feincremig pürieren, abschmecken.

4 EL Rosinen
3 EL Zitronensaft
2 kleine Knollen Rote Bete
1 Zweig Majoran
2 EL Olivenöl
1 Prise Salz

Rosinen etwa 10 Minuten im Zitronensaft einweichen. Rote Bete schälen und fein raspeln. Majoranblättchen vom Zweig streifen. Rosinen, Zitronensaft, Olivenöl, Majoran und Salz ebenfalls im Schnellzerkleinerer fein pürieren. Gründlich mit der geraspelten Roten Bete vermischen.

1 kleiner Apfel
einige Salatblätter
2 Weizentortillas

Apfel würfeln.
Tortillafladen unter fließendem Wasser gut befeuchten und nacheinander in einer heißen Pfanne von jeder Seite etwa 30 Sekunden backen. Sie sollten nicht mehr feucht, aber schön weich und elastisch sein. Auf die Arbeitsfläche legen und großzügig mit der Meerrettichcrème bestreichen. Mittig mit Rote-Bete-Salat, Apfelwürfeln und Salatblättern belegen, die Seiten rechts und links über die Füllung schlagen und den Wrap mit beiden Händen fest zusammenrollen.

Rote-Bete-Wrap

Süßkartoffel-Kokosnuggets mit Mangosalat

1 unreife(!) Mango
1 Stange Zitronengras
½ rote Zwiebel
½ Bund Koriander oder Thai-Basilikum
½ Chilischote oder ¼ TL Chiliflocken
1 Bio-Limette
2 EL Palm- oder dunkler Rohrzucker
1 Prise Salz

Mango schälen, das Fleisch vom Kern schneiden und grob raspeln. Das untere Ende vom Zitronengras fein reiben. Zwiebel und Kräuter in feine Streifen, Chilischote in feine Ringe schneiden. Schale von der Limette abreiben und den Saft auspressen. Alle Zutaten in eine Schüssel geben, gut durchkneten und mit Zucker und Salz abschmecken. 10 Minuten durchziehen lassen.

300 g Süßkartoffel
Saft einer halben Limette
Salz

Süßkartoffel schälen, längs halbieren und in etwa 1,5 cm dicke Scheiben schneiden. In kochendem Salzwasser mit Limettensaft 5–7 Minuten nicht zu weich kochen. Herausnehmen und etwas abkühlen lassen.

2 EL Speisestärke
80 ml Wasser
1/8 TL Salz
50 g Kokosraspel
50 g Pankobrösel, Cornflakes oder Mandelblättchen
1 EL Mehl oder Buchweizenmehl

Speisestärke mit Wasser und Salz verrühren. Kokosraspel und Pankobrösel oder zerkleinerte Mandelblättchen vermischen. Süßkartoffelstücke mit Mehl bestäuben, durch den Stärketeig ziehen und in den Kokosraspeln wenden.

Öl zum Braten

Ausreichend Öl in einer Pfanne erhitzen und die Nuggets darin von beiden Seiten knusprig goldbraun braten.

Süßkartoffel-Kokosnuggets
mit Mangosalat

Shiitakepilz-Kartoffeln

8–10 kleine Kartoffeln (Drillinge, La Ratte oder Grenaille)
Salz

Die Kartoffeln waschen, eventuell abbürsten und in sehr stark gesalzenem Wasser etwa 15 Minuten garen.

8 frische Shiitakepilze
½ Bund glatte Petersilie

Pilze erst in Scheiben schneiden, dann grob hacken. Petersilie in feine Streifen schneiden.

DER BACKTEIG

100 ml sehr kaltes Wasser
1½ gehäufte EL Speisestärke
3 gehäufte EL Mehl
1 EL Sesam
1 TL Backpulver
¼ TL Salz

Alle Zutaten für den Backteig gründlich verrühren. Pilze und Petersilie unterheben.

Kartoffeln abgießen und kurz ausdampfen lassen.

2 EL Mehl
Öl zum Ausbacken

Öl in einem hohen Topf erhitzen, bis an einem hineingehaltenen Holzlöffel kleine Bläschen aufsteigen. Kartoffeln im Mehl wenden, abklopfen und durch den Backteig ziehen. Herausnehmen, etwas abtropfen lassen und vorsichtig ins heiße Öl gleiten lassen.
4–5 Minuten knusprig ausbacken. Mit einer Schaumkelle herausheben und auf Küchenpapier abtropfen lassen.

DIE JALAPEÑO-JOGHURTSAUCE

250 g ungesüßter(!) Sojajoghurt
1 EL Olivenöl
1 EL Jalapenos (Glas, gehackt)
1 EL Sud aus dem Jalapeñoglas
¼ TL Salz
1 EL Sahne

Alle Zutaten gründlich verrühren und zu den heißen Kartoffeln servieren.

Wer Zeit hat oder plant, kann den Joghurt in einem mit zwei Lagen Küchenpapier ausgelegten Sieb 2 Stunden oder noch besser über Nacht abtropfen lassen, das macht die Crème fester und cremiger.

Shiitakepilz-Kartoffeln
mit Mangosalat

Kartoffelsalat

12-15 kleine Kartöffelchen
Meersalz

Kartoffeln in sehr stark gesalzenem Wasser 15–20 Minuten weich kochen. Abgießen und zurück in den Topf geben. Wieder auf den Herd stellen und mit rüttelnden Bewegungen die Kartoffeln im Topf rösten, bis sie duften und sich um die Schale herum eine feine Salzkruste gebildet hat. Etwas abkühlen lassen.

1 EL Senf
4 EL Olivenöl
3 EL Rotweinessig
2 EL Kürbiskernöl
¼ TL Salz
2 EL Agavensirup
frischer Pfeffer aus der Mühle

Alle Zutaten für das Dressing in einer großen Schüssel verrühren.

½ rote Paprika
10 cm Gurke
½ rote Zwiebel
5 cm Staudensellerie
5 Kirschtomaten
1 kleines Bund Petersilie
4 EL Mandelsplitter
15 grüne Oliven

Kartöffelchen halbieren. Paprika und Gurke in Würfel schneiden, Zwiebel und Sellerie in feine Streifen. Kirschtomaten halbieren. Petersilie grob schneiden. Mandelsplitter in einer Pfanne ohne Fett hellbraun rösten.
Alles zusammen mit den Oliven zum Dressing in die Schüssel geben und gut durchmischen.
Abschmecken und lauwarm servieren.

Perfekt auch fürs nächste Picknick oder fürs Büro.

Kartoffelsalat

DESSERTS UND ANDERER SÜSSKRAM

Knusprige Bananenravioli

1 reife, gelbe Banane
2 EL Kokosraspel
1 EL Zitronensaft
2 EL Agavensirup
2 EL Haferflocken

Banane schälen und in eine Schüssel geben. Kokosraspel, Zitronensaft, Agavensirup und Haferflocken dazugeben und alles mit einer Gabel zerdrücken und gut vermischen.

2 Strudelblätter (à ca. 30 x 30 cm) aus dem Kühlregal

Strudelblätter übereinander legen und vierteln. Die entstandenen Quadrate nochmals vierteln, sodass 16 kleine, doppellagige Strudelteigquadrate entstehen. Etwas Füllung in der Mitte verteilen. Mit 2 weiteren übereinandergelegten Blättern abdecken und an den Rändern etwas festdrücken. Auf diese Weise 8 Ravioli herstellen.

1 EL Margarine

Die Ravioli nacheinander in einer beschichten Pfanne von beiden Seiten in etwas Margarine knusprig goldbraun braten. Auf Küchenkrepp abtropfen lassen und warmhalten.

2 EL brauner Zucker oder 4 EL Ahornsirup
1 Baby-Ananas, geschält, in Scheiben
1 Prise Chiliflocken
2 EL Wasser

Zucker in einer Pfanne schmelzen bzw. Ahornsirup erhitzen. Ananasscheiben, Chili und Wasser dazugeben und 2–3 Minuten einköcheln lassen. Ananas und Ravioli auf zwei Tellern anrichten und sofort, eventuell mit etwas Puderzucker bestäubt, servieren.

Knusprige Bananenravioli

Bananenmousse mit Feige und Schokoladensirup

3 sehr reife Bananen
2 EL Zucker
2 EL Zitronensaft
100 ml Kokosmilch
1 Beutel Agartine
150 ml Bananensaft
200 g vegane Sprühsahne

Bananen aus der Schale lösen und mit Zucker, Zitronensaft und Kokosmilch etwa 5 Minuten köcheln lassen. Alles fein pürieren und in eine Rührschüssel füllen. Agartine gründlich mit dem kalten Bananensaft verrühren und in den Topf geben. Aufkochen und auf kleiner Flamme 2 Minuten köcheln lassen. Zum Bananenpüree in die Schüssel geben und alles mit dem Pürierstab gründlich vermengen, dabei leicht schaumig schlagen. Etwas abkühlen lassen, vorsichtig die Sahne unterheben und mindestens 90 Minuten kalt stellen.

100 ml Wasser
100 g Zucker
1 Prise gemahlene Vanille
3 EL Kakaopulver

SCHOKOLADENSIRUP
Alle Zutaten für den Sirup in einem kleinen Topf etwa 5 Minuten köcheln lassen.

2 reife Feigen

Mit einem heißen Löffel Nocken vom Bananenmousse abstechen und mit dem abgekühlten Schokosirup und geviertelten Feigen servieren.

DEKO-TIPP
Johannisbeeren in Zucker
gegrillte Bananenscheibe

Den restlichen Sirup in eine saubere, kleine Glasflasche füllen und im Kühlschrank aufbewahren. Mit ihm lassen sich z. B. Kaffee oder Mandelmilch lecker schokoladisieren.

Variation Rotweinfeige: 250 ml Rotwein mit 100 g Zucker und einer Messerspitze gemahlener Vanille 2 Minuten köcheln lassen. Einen Teelöffel Speisestärke mit ein wenig Wasser anrühren und mit dem Schneebesen einrühren. Einmal aufkochen lassen, bis die Sauce eindickt. Vom Herd nehmen. 2 cl Cassislikör und die halbierten Feigen dazugeben. Bei geschlossenem Deckel 10 Minuten ziehen lassen.

Bananenmousse
mit Feige und Schokoladensirup

Beerenschmarrn

90 ml Soja- oder Mandelmilch
30 ml Sprudelwasser
3 EL Mehl
2 EL Reismehl
1 EL Speisestärke
1 TL Weinstein-Backpulver
2 EL gemahlene Mandeln
1 TL Zucker
1 Msp gemahlene Vanille
1 TL abgeriebene Schale von einer Bio-Orange
1 Prise Salz

Milch und Wasser in eine Schüssel geben und gründlich mit den restlichen Zutaten zu einem dicken Pfannkuchenteig verrühren. Den Teig 5 Minuten ruhen lassen.

1 EL Margarine

Ofen auf 200 °C vorheizen.
Margarine in einer beschichteten Pfanne erhitzen. Teig auf dem Pfannenboden verteilen und auf kleiner Flamme und bei geschlossenem Deckel 2 Minuten backen. Im Ofen ohne Deckel etwa 10 Minuten fertiggaren.

2 EL brauner Zucker
2 EL Mandelblättchen
250 g gemischte Beeren
etwas Puderzucker

Schmarrn aus dem Ofen holen und in der Pfanne mit zwei Gabeln grob zerpflücken. Auf den Herd stellen. (Topflappen!) Zucker und Mandeln dazugeben und alles unter häufigem Wenden auf mittlerer Flamme karamellisieren lassen. Beeren dazugeben und ebenfalls erwärmen. Mit Puderzucker bestäuben und sofort servieren.

*Dazu passt natürlich eine Kugel Vanilleeis oder diese schnelle, weiße Schokoladensauce:
120 ml Soja-oder Reismilch mit einer Messerspitze gemahlener Vanille erhitzen, vom Herd nehmen und 50 g weiße Reismilch- oder eine andere vegane weiße Schokolade darin auflösen. Abkühlen lassen.*

Beerenschmarrn

Grießknödel

200 ml Soja- oder Reismilch
1 TL Margarine
2 EL Zucker
Salz
50 g Hartweizengrieß
3 EL Sojajoghurt
abgeriebene Schale von einer Bio-Orange
2 EL Speisestärke
2 EL Panko- oder Semmelbrösel
6 kleine Stücke heller Nougat

Milch mit Margarine, Zucker und einer Prise Salz aufkochen. Grieß einrühren und vom Herd nehmen. Joghurt, Orangenschale, Speisestärke und Brösel unterheben. Die Masse 5 Minuten quellen lassen, dann gut durchkneten.

Einen größeren Topf mit ganz leicht gesalzenem Wasser zum Kochen bringen.

Mit angefeuchteten Händen 6 Knödel aus der Masse formen und jeweils in die Mitte ein Stückchen Nougat drücken. Gut verschließen und im siedenden, nicht mehr kochendem Wasser etwa 8 Minuten ziehen lassen. Inzwischen Pflaumensauce zubereiten.

3 rote Pflaumen
150 ml Rotwein
3 EL Zucker
1 Anisstern
1 TL Speisestärke
2 EL Orangensaft

Pflaumen halbieren oder vierteln und mit Wein, Zucker und Anis 5–6 Minuten köcheln lassen. Stärke und Orangensaft gut verrühren und die Sauce damit binden.

1 EL Margarine
2 EL Panko- oder Semmelbrösel
2 EL gehobelte Haselnüsse
1 EL Zucker

Margarine in einer Pfanne zerlassen. Brösel, Nüsse und Zucker dazugeben und leicht bräunen. Knödel hineingeben und schön mit der Kruste ummanteln. Mit der Pflaumensauce servieren.

DEKO-TIPP
Minze
Kekse

Grießknödel

Himbeersüppchen
mit Fenchel-Grießflammerie

200 ml Soja- oder Reismilch
2 TL Fenchelsaat
1 EL Zucker
40 g Grieß (Weichweizen)

Milch mit Fenchelsaat und Zucker kurz aufkochen und mindestens 10 Minuten ziehen lassen.

½ Vanilleschote
100 ml Weißwein
250 g Himbeeren
3–4 EL Holunderblütensirup
Puderzucker oder Agavensirup nach Geschmack

Vanilleschote längs halbieren, das Mark herauskratzen und zusammen mit der Schote, Weißwein und 200 g Himbeeren aufkochen und 2 Minuten köcheln lassen. Mit Holunderblütensirup abschmecken. Eventuell noch mit Puderzucker oder Agavensirup süßen. Vanilleschote entfernen.

2 TL Rohrzucker

Fenchelmilch durch ein feines Sieb passieren und erneut aufkochen. Grieß einstreuen und glattrühren, bis sich die Masse vom Topfboden löst. Flach auf einen Teller streichen und abkühlen lassen. Mit einem Plätzchenausstecher Formen ausstechen oder einfach in Würfel oder Dreiecke schneiden. Kurz vor dem Servieren mit etwas Rohrzucker bestreuen und mit dem Crème Bruleé Brenner abflammen. Alternativ den Zucker unter dem vorgeheizten Grill auf hoher Stufe schmelzen lassen. Himbeersüppchen in tiefe Teller geben und die gebrannten Grießschnittchen und die restlichen Himbeeren darauf verteilen.

Himbeersüppchen
mit Fenchel-Grießflammerie

Maronencrème
mit Zitrusfrüchten

100 g Maronen (gekocht, vakuumiert)
75 ml Orangensaft
1 Spritzer Zitronensaft
¼ TL Zimt
4 EL Ahornsirup

Maronen mit Saft, Zimt und Ahornsirup fein, cremig pürieren. Zitrusfrüchte mit einem scharfen Messer schälen. Blutorange und Mandarine in Scheiben schneiden, Grapefruit filetieren.

1 Blutorange
1 Mandarine
1 kleine (rosa) Grapefruit

Maronencrème mit den Früchten auf zwei Tellern anrichten und sofort servieren.

Auch andere Zitrusfrüchte, wie Pomelos oder Kumquats eignen sich für dieses schnelle Dessert. Kumquats vorher in Scheiben schneiden und in einem Sud aus 100 ml Weißwein, 80 g Zucker, einer Vanilleschote und einer Zimtstange 1–2 Minuten köcheln lassen.

Maronencrème
mit Zitrusfrüchten

Mini-Apple Crumble

8 Stück

1 geh. EL gemahlene Mandeln
2 geh. EL Mehl
1 gestr. EL Zucker
¼ TL Zimt
1 TL Kartoffelmehl
1 Msp. Backpulver
1 geh. EL kalte Margarine

Alle trockenen Zutaten mischen und die kalte Margarine mit den Fingerspitzen einarbeiten, bis ein krümeliger Teig entsteht. Abgedeckt beiseite stellen.

ca. 60 g Marzipan
8 kleine, runde Backoblaten
2 kleine Äpfel
4 TL rote Johannisbeermarmelade

Marzipan in 8 Stücke teilen, jeweils zu einer Kugel formen, dann auf Größe der Oblaten zusammendrücken oder ausrollen. Äpfel ungeschält in 8 Scheiben schneiden und mit einem passenden Ausstecher oder einem Glas Ringe in der Größe der Oblaten ausstechen. Kerngehäuse ebenfalls rund ausstechen. Jeweils einen Marzipankreis auf eine Oblate legen, darauf eine Apfelscheibe. Das Loch im Apfel mit je einem Klecks Marmelade füllen. Auf ein mit Backpapier ausgelegtes Blech legen und die Streusel auf den Äpfeln verteilen. Leicht andrücken.

Bei 200 °C etwa 15 Minuten backen.

Mini-Apple Crumble

Pfirsich Melba

Eine moderne Interpretation des uralten Klassikers.

1 Vanilleschote
70 g Wasser
70 g brauner Rohrzucker
150 ml Sojamilch
150 ml Sahne
40 ml gutes Olivenöl
1 Prise Johannisbrotkernmehl

DAS VANILLE-OLIVENÖL-PARFAIT

Vanilleschote aufschneiden, das Mark herauskratzen und zusammen mit der Schote in einen Topf geben. Wasser und Zucker dazugeben und alles 5 Minuten köcheln lassen. Milch und Sahne hinzufügen und ein Mal aufkochen lassen. Vanilleschote entfernen. Olivenöl und Johannisbrotkernmehl mit dem Pürierstab hinein mixen und dabei gut aufschäumen. In Eiswürfelbehälter oder kleine Silikonförmchen füllen und mindestens 2 Stunden ins Tiefkühlfach stellen.

100 ml Himbeersaft
2 EL dunkler Balsamico Essig
1 EL Zucker

DIE HIMBEER-BALSAMICO-ESSENZ

Alles in einen kleinen Topf geben und auf kleiner Flamme etwa auf die Hälfte sirupartig einkochen lassen. (Vorsicht, dass nix anbrennt!) Abkühlen lassen.

1 Pfirsich
100 g frische Himbeeren

Parfait aus dem Kühlfach nehmen, stürzen und einige Minuten antauen lassen. Inzwischen Pfirsich halbieren und in der heißen Grillpfanne 2–3 Minuten auf der Schnittseite garen. Gegrillten Pfirsich, Olivenölparfait und Himbeer-Balsamico-Essenz auf zwei Tellern anrichten und mit den frischen Himbeeren garnieren.

Pfirsich Melba

Schoko-Knuspies
mit Hanf

- 150 g Halbbitterschokolade
- 20 g Mandelstifte
- 5 g Hanfsamen
- 30 g Marzipan
- 20 g Cranberries
- 2 leicht zerbröselte Vollkornkekse, alternativ Dinkel- oder Reiscrispies
- 10 g Cornflakes
- 1 Prise Meersalz oder Fleur de Sel

Schokolade in Stücke brechen und im Wasserbad schmelzen. Mandeln und Hanfsamen in einer Pfanne unter ständigem Wenden rösten. Schokolade etwas abkühlen lassen. Restliche Zutaten dazugeben und gut vermischen. Ein Tablett oder einen großen Teller mit Backpapier abdecken. Masse mit zwei kleinen Löffeln in kleinen Häufchen auf das Papier setzen und abkühlen lassen. Die Knuspies können, sofern sie nicht gleich verputzt werden, luftdicht verschlossen im Kühlschrank aufbewahrt werden.

Variationen:
1. Geröstete Erdnüsse, Knäckebrotstückchen und Karamellstückchen in die Schokolade geben.
2. Weiße Schokolade verwenden, süßes Popcorn, getrocknete, kleingewürfelte Erdbeeren und geröstete Kokosflocken dazugeben.

Schoko-Knuspies
mit Hanf

Schokoladen-Kokosmousse mit Passionsfrucht

100 ml Kokosmilch
100 g Zartbitterschokolade (min. 50% Kakaoanteil)
100 g vegane Sprühsahne
2 cl Mokkalikör

Kokosmilch aufkochen, vom Herd nehmen und Schokolade in Stückchen darin auflösen. Etwas abkühlen lassen, Mokkalikör einrühren. Sahne unterheben und 2 Stunden kalt stellen.

2 Passionsfrüchte
4 EL Ahornsirup

Vom Mousse mit einem heißen Löffel Nocken abstechen. Passionsfrüchte halbieren und das Mark herauskratzen, mit Ahornsirup verrühren und über das Mousse geben.

DEKO-TIPP
frische Beeren

Das wahrscheinlich schnellste und einfachste Schokomousse der Welt! :)
Tolle Basis für allerlei schokoladige Kreationen,
z. B. mit kandierten Nüssen, Orangenöl und Chili.

Haselnussmilch statt Kokosmilch sorgt für nussige Akzente
und frische Beeren je nach Saison zieren das leckere Dessert.

Schokoladen-Kokosmousse
mit Passionsfrucht

Süße Minestrone

1 Vanilleschote
350 ml Passionsfruchtsaft
150 ml Weißwein
3 EL brauner Zucker

2 EL Sagokörner
2 EL kleine Hartweizennudeln (z. B. Sternchen)

Das Mark aus der Vanilleschote kratzen und zusammen mit der Schote, Saft, Weißwein und Zucker aufkochen lassen. Sago und Nudeln dazugeben und 10–15 Minuten bei geschlossenem Deckel köcheln lassen. Dabei gelegentlich umrühren, damit die kleinen Stärkekugeln nicht anbrennen. Das Süppchen ist fertig, wenn die Kügelchen klar und die Nudeln gar sind.

1 Sternfrucht
1 Passionsfrucht
80 g reife Mango
1 EL Kokosnussflakes oder -flocken

Sternfrucht in Scheiben schneiden, dabei die Kerne entfernen. Passionsfrucht halbieren und das Fruchtfleisch mit einem Löffel herauslösen. Mango würfeln. Kokosnuss in einer Pfanne ohne Fett hellbraun rösten. Früchte in die Suppe geben und mit gerösteter Kokosnuss bestreut warm oder eisgekühlt servieren.

Variationen: Süße, rote Minestrone mit Beeren oder Wassermelone, grüne mit Stachelbeeren, Kiwi und Weintrauben … Der Phantasie sind wie immer keine Grenzen gesetzt.

Süße Minestrone

Erdbeer-Rhabarberschnittchen

2 Stangen Rhabarber
100 ml Weißwein
4 EL Zucker
1 Prise gemahlene Vanille

Rhabarber in etwa 12 cm lange Stücke schneiden und diese noch mal längs halbieren.
Weißwein mit Zucker und Vanille aufkochen, Rhabarberstifte hineingeben und 3–4 Minuten leise köcheln lassen. Vom Feuer nehmen und abgedeckt 10 Minuten ziehen lassen.

2 Platten Blätterteig (TK) von je 12 x 12 cm
1 EL brauner Zucker

Backofen auf 220 °C vorheizen. Blätterteig in 6 Streifen zu je 4 x 12 cm schneiden. Mit etwas Abstand auf ein mit Backpapier ausgelegtes Backblech legen und mit braunem Zucker bestreuen. Mit einer weiteren Lage Backpapier bedecken und mit einem zweiten Backblech beschweren, damit der Blätterteig nicht aufgehen kann. In 10–15 Minuten goldbraun und knusprig backen.

80 ml Soja- oder Hafersahne
100 g Marzipan
3–4 EL Ahornsirup
1 EL Zitronensaft

Alle Zutaten für die Crème im Mixer oder mit dem Pürierstab glattrühren.

8 schöne Erdbeeren

Marzipancrème auf die Blätterteigstücke streichen und abwechselnd mit in Scheiben geschnittenen Erdbeeren und Rhabarber belegen. Eventuell mit gefärbtem Karamell dekorieren.

Erdbeer-Rhabarberschnittchen

Armer Mandelritter

150 ml Mandelmilch
1 EL Reismehl
1,5 EL Buchweizenmehl
0,5 EL Sojamehl
2 EL gehobelte Mandeln
1 EL Zucker
je 1 Prise Zimt und Vanillepulver
½ Tütchen Safran (0,05 g)

Alle Zutaten gründlich verrühren und in einen tiefen Teller oder eine Auflaufform geben.

4 Scheiben Sandwichtoast
1–2 EL Rosinen

Aus jeder Scheibe zwei Kreise ausstechen und einige Rosinen hineindrücken. Die „gespickten" Brotscheiben in die Mandelmischung legen und gut damit bedeckt mindestens 10 Minuten ziehen lassen. Eventuell zwischendurch ein Mal wenden. Inzwischen die Äpfel zubereiten.

2 kleine rote Äpfel
2 EL Zucker
1 TL Margarine
100 ml naturtrüber Apfelsaft

Äpfel schälen und mit vier Schnitten vom Kerngehäuse schneiden. In Spalten schneiden. Apfelspalten, Zucker, Margarine und Apfelsaft in einer Pfanne auf kleiner Flamme 4–5 Minuten einköcheln lassen, bis die Äpfel weich und leicht karamellisiert sind.

2 TL Margarine
Puderzucker

Margarine in einer Pfanne zerlassen und die Armen Ritter darin bei mittlerer Hitze von jeder Seite 3–5 Minuten goldbraun braten. Mit Puderzucker bestäuben und mit den Äpfeln anrichten.

Armer Mandelritter

Kirschtarte

für 4 kleine Tarteformen à 15 cm Durchmesser

100 g kalte Margarine
150 g Mehl
40 g Zucker
3 EL Kartoffelflocken (Püreepulver)
1 EL Wasser

DER TEIG

Alle Zutaten für den Teig in eine Schüssel geben und mit den Händen rasch zu einem leicht klebrigen Teig kneten. Aus dem Teig vier Kugeln formen und leicht mit Mehl bestäuben.
Jede Kugel zwischen zwei Stücken Backpapier mit den Händen auf die Größe der Förmchen flachdrücken oder ausrollen. In die Formen legen, den Rand andrücken und das obere Papier vorsichtig abziehen.

150 ml Kirschsaft
2–3 EL Zucker
4 gestrichene EL Speisestärke
1/8 TL frisch gemahlener schwarzer Pfeffer
500 g Kirschen (TK)

DIE FÜLLUNG

Für die Füllung Saft gründlich mit Zucker, Stärke und Pfeffer verrühren. Gefrorene Kirschen unterrühren und sofort auf dem Teig in den Förmchen verteilen.

etwas Puderzucker

Backofen auf 200 °C vorheizen.
15–20 Minuten backen, bis der Rand hellbraun ist. Mit etwas Puderzucker bestäubt warm oder kalt servieren.

Kirschtarte

Falscher Baumkuchen
mit Himbeeren

(für die ganze Familie)

130 g Marzipan
130 g Öl
100 ml Sprudelwasser
30 ml Orangensaft
50 g Zucker
150 g Mehl
40 g Speisestärke
2 TL Weinsteinbackpulver

Alle Zutaten für den Teig in der Küchenmaschine zu einem glatten Teig verarbeiten.
Ein großes Backblech von ca 30 x 40 cm mit Backpapier auslegen und den Teig möglichst gleichmäßig darauf verstreichen. Bei 180 °C 12–15 Minuten hellgelb backen. Der Boden sollte durchgebacken, aber noch weich sein, und auf Druck leicht nachgeben. Abkühlen lassen.

100 g gute, edelbittere Schokolade
3 TL Öl

Schokolade in Stücke brechen und im Wasserbad schmelzen. Öl einrühren.

200 g Himbeeren (TK)
2 EL Rotwein oder Traubensaft
1 EL Zucker
1 gestrichener TL Speisestärke
2 EL Wasser

Die Hälfte der Himbeeren mit Rotwein oder Traubensaft und Zucker auf kleiner Flamme aufkochen und zusammenfallen lassen. Stärke in einer kleinen Schüssel mit Wasser anrühren und die Sauce damit abbinden. Etwas abkühlen lassen und die restlichen Himbeeren unterheben.

DEKO-TIPP
Schokoladenornamente
Marzipanblüten
Himbeeren

Den abgekühlten Kuchen mithilfe eines zweiten Blechs oder eines großen Schneidebretts umdrehen, das Backpapier abziehen und beiseite legen. Den Boden in 6 gleichgroße Stücke schneiden, fünf davon mit der flüssigen Schokolade bestreichen und alle Böden übereinanderschichten. Mit dem „nackten" Boden abschließen. Das Backpapier noch einmal darüberlegen und alles mit den Händen gleichmäßig festdrücken. Mindestes 20 Minuten kühlen. In 6–8 gleichgroße Stücke teilen, mit Himbeeren und eventuell Schokoladenornamenten und Marzipan anrichten.

Falscher Baumkuchen
mit Himbeeren

Fruchtige Knusperlasagne

10 große Erdbeeren
1 Banane
1 grüne Kiwi
1 gelbe Kiwi
8 Kirschen

6 Erdbeeren mit 2 EL Agavensirup pürieren. Banane und Kiwis schälen und in dünne Scheiben schneiden. Restliche Erdbeeren ebenfalls in Scheiben schneiden. Kirschen entsteinen.

80 g Mandeln (ohne Haut)
50 ml Wasser
2 EL Zitronensaft
4 EL Agavensirup
1 Msp. gemahlene Vanille

Mandeln im Wasser einige Minuten einweichen, dann mit Wasser, Zitronensaft, Agavensirup und Vanille im Schnellzerkleinerer feincremig pürieren. Bei Bedarf noch etwas mehr Wasser dazugeben.

2 Scheiben Knäckebrot

Knäckebrote vorsichtig halbieren und mit der Mandelcrème bestreichen. Nach Belieben mit Früchten belegen und mit der Erdbeersauce schön anrichten.

Statt Knäckebrot kleine Pfannkuchen, Waffeln, Kekse oder gebackene Blätterteigplätzchen nehmen.

Fruchtige Knusperlasagne

Schokoladen-Grießflan

6–8 Stück

DER FLAN

200 ml Soja- oder Reismilch
1 EL Zucker
30 g Grieß (Weichweizen)
100 g Zartbittere Schokolade

100 ml Sprudelwasser
1 TL Backpulver

1 geh. EL Speisestärke
1 geh. EL Mehl
2 geh. EL gemahlene Mandeln
1 Prise Salz

Milch mit Zucker in einem Topf aufkochen lassen, Grieß einstreuen und vom Herd nehmen. Schokolade in Stückchen unterheben.
In eine Rührschüssel füllen und etwas abkühlen lassen. Sprudelwasser und Backpulver mit dem Handrührgerät einrühren und die Masse einige Minuten leicht schaumig aufschlagen. Speisestärke und Mehl sieben und mit den Mandeln und Salz unterheben.

Margarine und gemahlene Mandeln für die Förmchen

Ofen auf 170 °C vorheizen.
Portionsförmchen oder kleine Kaffeetassen leicht einfetten, mit gemahlenen Mandeln ausstreuen.
Eine Auflaufform mit etwas Wasser füllen und eine Lage Küchenpapier auf den Boden der Backform legen (damit die Förmchen nicht zu heiß werden). Die Masse in die Förmchen füllen, und diese in die Auflaufform setzen. Sie sollten zu etwa zwei Dritteln im Wasser stehen. Im Ofen 15–20 Minuten pochieren. Etwas abkühlen lassen und vorsichtig aus den Formen stürzen.

DAS PEKANNUSSTOFFEE

3 EL Zucker
3 EL Pekannüsse
50 ml Sahne
1 Prise Meersalz
1 TL Margarine

1 reife Birne

Zucker bei mittlerer Hitze in einer kleinen Pfanne karamellisieren lassen, Nüsse, Sahne, Salz und Margarine dazugeben und den Karamell loskochen.

Die Schokoladen-Grießflans noch warm mit dem Pekannusstoffee und frischen Birnenspalten anrichten.

Schokoladen-Grießflan

Panna Cotta-Heidelbeertörtchen

6 Stück

5 Zwiebäcke
1 EL Margarine
1 EL Rübensirup

Zwiebäcke mit Margarine und Sirup im Mixer zerkleinern. 6 Dessertringe (Alternativ eine kleine Springform von etwa 15–20 cm Durchmesser nehmen) auf ein mit Backpapier ausgelegtes Blech stellen. Die Masse für den Boden in den Ringen verteilen und -z. B. mit einem passenden Glas und einer leichten Drehbewegung-schön fest andrücken, damit später keine Füllung durchlaufen kann. Bis zur weiteren Verwendung in den Kühlschrank stellen.

250 ml Soja- oder Reismilch
150 ml Sahne
2 EL Zucker
1 Msp gemahlene Vanille
1 Beutel Agartine
2 EL Kirschwasser

Milch und Sahne in einen Topf geben. Zucker, Vanille und Agartine gründlich einrühren. Zum Kochen bringen und unter Rühren 2 Minuten köcheln lassen. Kirschwasser dazugeben. Mischung in die Ringe gießen und mindestens 90 Minuten kalt stellen.

125 g Heidelbeeren
125 ml Heidelbeersaft
½ Beutel klarer Tortenguss

Heidelbeeren in den Ringen verteilen. Heidelbeersaft und Tortenguss gründlich in einem kleinen Topf verrühren, einmal aufkochen lassen, 1 Minute abkühlen lassen und auf den Törtchen verteilen. Noch mal 5 Minuten kalt stellen, dann die Törtchen vorsichtig mit einem Messer aus den Formen lösen.

Beschleuniger: Einfach die Hälfte der Beeren mit evtl. etwas Ahornsirup pürieren, die ganzen Früchte unterheben und das Ganze auf den ausgelösten Törtchen verteilen.

Wer möchte kann zwischen Boden und Füllung noch eine dünne Marzipanschicht legen. Das schützt die Füllung vorm Auslaufen, die fertigen Törtchen vorm Durchweichen und schmeckt gut. Dafür einfach 6 Kugeln Marzipan auf Ringgröße flach ausrollen und auf den Boden in die Ringe geben. Leicht andrücken und die Panna Cotta-Masse einfüllen.

Panna Cotta-Heidelbeertörtchen

Schoko-Chili-Crème Brûlée

für 4 bis 6 Stück

150 ml Soja- oder Reismilch
50 ml Sojasahne oder Kokosmilch
2½ EL Zucker
½ Chilischote

1 ½ EL Reismehl
60 g gute Bitterschokolade
½ TL Margarine

50 ml Milch mit dem Reismehl verrühren und beiseite stellen. Restliche Milch und Sahne mit Zucker und der Chilischote (im Stück) aufkochen. Chilischote entfernen. Angerührtes Reismehl mit dem Schneebesen einrühren, bis die Crème andickt. Vom Herd nehmen, Schokolades in Sückchen und Margarine unterheben. In Schälchen füllen und mindestens 2 Stunden kalt stellen.

feiner brauner Zucker zum Karamellisieren

Die abgekühlte Crème mit einer Schicht Zucker bestreuen und mit dem Flambierer abbrennen, bis der Zucker goldbraun karamellisiert ist. Sofort servieren.

Schoko-Chili-Crème Brûlée

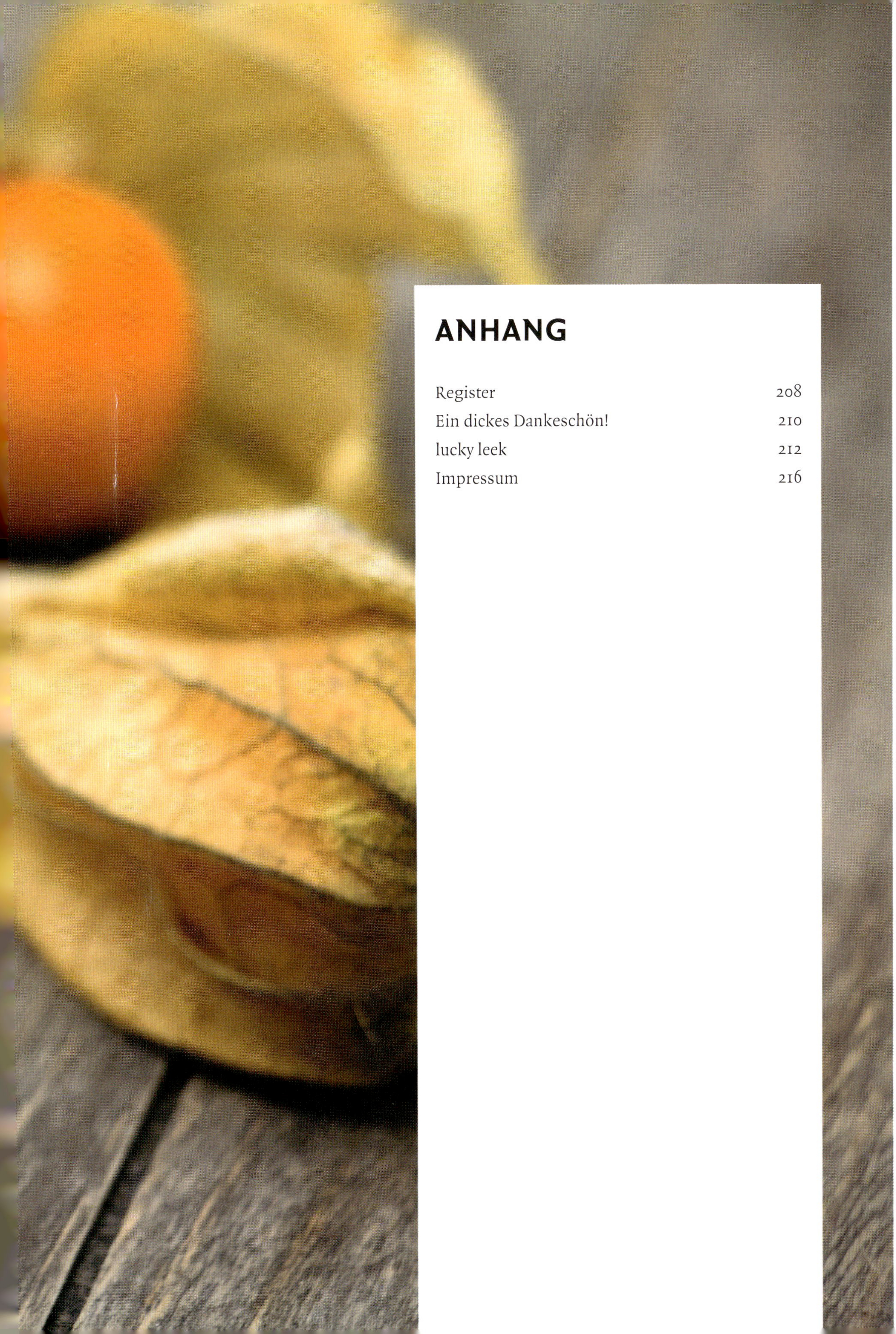

ANHANG

REGISTER

Register

EIN DICKES DANKESCHÖN!

Auch diesmal wieder ein Dankeschön an die vielen lieben Leute, die uns mit Rat und Tat zur Seite standen!
Wir bedanken uns herzlich bei Mama und Papa, Bruder und Bruder, Walter, Tina, Uli und Jannis für die tolle Arbeit und Unterstützung!

Genauso danken wir unserem tollen Team des Lucky Leek!!
Ihr macht (und habt ;) einen tollen Job und habt immer die Ruhe bewahrt, wenn ich experimentierend um euch herum gewirbelt bin! Wir freuen uns auf die weiterhin spannende Zeit mit euch.

Danke auch an die vielen guten Menschen und Freunde im Hintergrund, Michael & Diana von FoodWood®, Taig (Kai) für seine Inspiration zum Nackenhack-Rezept,Bine, Julle, Leif, Nick, Thomas H., Janne, Miri, Maggus & Juliana, Magdi, Ale Rub, Jan & Thomas, Frank & Thorsten, André, Sven & Familie, Carolita, dem Team vom Dr. Pogo!

Ebenfalls bedanken wir uns bei den knackigen Jungs von Berlins ältester Feuerwache dafür, dass wir ihr Tor hüten durften ;)

Besonderer Dank geht an Bine für ihre tollen Ideen und ihre Hilfsbereitschaft in allen Lebenslagen, und an Luise für's zum Lachen bringen =)

Vielen Dank an euch alle!

Jo und Seb

Ein dickes Dankeschön!

LUCKY LEEK

Wer mal keine Lust zu kochen hat, kann uns im Restaurant besuchen und unsere neuesten Kreationen verköstigen.

Lucky Leek
Kollwitzstraße 54
10405 Berlin

Wir sind erreichbar unter
www.lucky-leek.com

Reservierungen unter
+49 (0) 30 66 40 87 10

oder bequem per mail
booking@lucky-leek.com

Lucky Leek

BERLINER FEUERWEHR

Zum Einsatz bereit!

IMPRESSUM

Kreuzstraße 21, 13187 Berlin-Germany
www.neunzehn-verlag.de

1. Auflage 2014
ISBN: 978-3-942491-44-0
Printed 2014

Rezepte: Josita Hartanto

Fotografie: Sebastian Happe Sinémus
Satz: Satz- & Verlagsservice Ulrich Bogun
Gestaltung: Jannis Schulze

ÜBRIGENS …

Wer Spaß und Gefallen an meinen Rezepten gefunden und Lust auf mehr hat, dem empfehle ich einen Blick in mein erstes Werk ‚Vegan Genial'. Auch darin findet ihr tolle Rezepte für jeden Anlass und jedes Fertigkeitsniveau, um euch oder eure Gäste zu überraschen und zu verwöhnen.